文史知识文库

WENSHIZHISHI WENKU

我们的前人创造了无与伦比的灿烂文化。

春秋战国的诸子哲学、

汉魏六朝的丰碑巨制、

韩柳欧苏的大块文章、

明清之际的人生画卷，

无不表现了对社会国家的情怀，

对宇宙世界的期待。

千古风流人物的搏斗，

相互辉映，激荡交融，

造成了光华灿烂的中国，

博大久远的中华民族传统。

这套文库力求以历史的高度，

把悠久而灿烂的中华文化

放到整个人类文明的背景中审视，

向您展示五千年文化的各个方面。

中国古代民族志

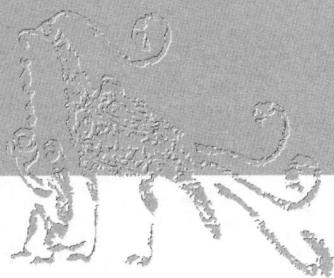

文史知识编辑部 编

中华书局

写在《文史知识文库》之前

这套书本来是以"文史知识丛书"的名义出版的,现在改成"文史知识文库"。"丛书"改成"文库",目的是使这套书容量大一些。把这套书编得更充实、更丰富,不仅容纳《文史知识》已经刊发过的较好的内容,还要容纳《文史知识》未能刊发的好内容。我们的计划是深入浅出地、重点而又系统地介绍中华民族古代文化的丰硕成果。

我们的时代日新月异。科学技术革命迅速而又深刻地改变着人类的社会生活。中国人民重振雄风,面向世界,面向未来。在祖国960万平方公里的土地上,正酝酿着新的崛起,新的振兴。

在这一巨大变革中,在计算机、人造卫星、宇宙飞船、超导体、遗传工程等纷至沓来的时候,我们仍然会深深感觉到无所不在的、中国传统文化的巨大力量。传统文化的历史积淀是如此的丰厚,以至于我们伴随着一项现代化工程的伟大胜利,几乎都要想起我们的前人,想起为我们编写了中华民族灿烂篇章的人们。我们的前人创造了无与伦比的灿烂文化。春秋战国的诸子哲学、汉魏六朝的丰

碑巨制、韩柳欧苏的大块文章、明清之际的人生画卷,无不表现了对社会国家的情怀,对宇宙世界的期待。这千古风流人物的搏斗,相互辉映,激荡交融,造成了光华灿烂的中国,博大久远的中华民族传统。这是我们的骄傲,也是我们民族凝聚、发展、强盛的力量。

面向世界,面向未来,总离不开我们站立的祖国大地。我们都是伟大祖国的儿女,对这块生我、养我的土地,对我们祖先繁衍发展的土地,怀有深切的挚爱之情。爱她,了解她,同时研究她;在了解她、研究她的过程中渗透着我们对现在和未来的信念。今天,我们站在新的历史高度,以重新崛起的决心,把祖国的传统文化放到整个世界文明的背景之中,我们一定会更准确地找出精华,区分糟粕,在看来杂乱无章、盲目被动的历史表象中,寻找出规律性的东西,为我们今天的创造活动服务,为我们走向世界、走向未来服务。

我们热诚地欢迎广大作者和我们一起编好这套文库,共同去完成时代所赋予的历史使命。

目 录

华夏族——汉族先民的形成

唐 嘉 弘

汉族的得名,是因他们建立汉代大帝国,先秦时期原名华夏,或称华,或称夏,是汉族的先民。炎黄二帝传说是华夏的民族英雄,所以人们常说汉族是炎黄子孙或黄帝子孙。下面仅就汉族先民——华夏族的形成,勾画一个基本轮廓,或者说对他的面貌作一速写图像。

一、从历史文献的记述分析

我们看到的最早的文字是殷商时期的甲骨文,在此以前,通称为传说时代;计算它的单位不是用百、千、万年,而是用十万、百万年。从猿到人的过程是极为漫长的,从猿人到现代人也已经过三四百万年了。在人类的童年时代,存在着不少的原始群,缓慢地逐渐增殖裂变,形成为氏族、部落,经由部落联盟而进入国家。中华大地上远古时期存在许多氏族部落,古称"万方"、"万邦"或"万国"。他

们各自均有自己祖先起源的传说,在通婚、联盟的过程中,相互交往、渗透、融合,社会体制、经济生活和文化历史诸方面均打破了过去的单一型局面,逐渐向复合型发展,祖先源流的历史也像滚雪球一样,将东西南北众多氏族部落的英雄人物,混糅组合成为一个体系,人为地制造一个传承的序列。世界各族均有类似现象和类似的传说时代。

当时没有文字,原始人群只能世代口耳相传,以便将历史保存下去,总结经验,鼓舞斗志,人类从一开始就十分珍视本族的历史,但由于条件限制,主观认识上的局限性,难免增加或遗漏,并杂糅许多神话;又加上后人因主观倾向不同,史料来源不同;所以文献记录的传说时代的历史往往矛盾纷繁,神人难分,时间不准确,地域不易定,人名、部落名和地名常常混一,事件、当事人和序列往往错乱。但是,某些基本素材在去粗取精、去伪存真后,仍可大体上找寻一个基本线索。

华夏族的历史,传说从“三皇”、“五帝”开始,以后就是“三代”——夏、商、周(周又分为西周、东周,东周包括春秋、战国二段)。在春秋战国之际,“华”、“夏”和“华夏”作为民族名称,正式见于史籍。

“三皇”和“五帝”究竟是谁?各说不一。“三皇”或说是伏羲、神农和燧人,或说是伏羲、神农和女娲,或说是伏羲、神农和祝融,或说是伏羲、神农和黄帝,或说是天、地、人三皇,或说是天、地、太三皇。“五帝”也有类似传说,或说是太昊、炎帝、黄帝、少昊、颛顼,或说是黄帝、帝颛顼高阳、帝喾高辛、帝尧、帝舜,或说是少昊、颛顼、高辛、唐、虞,或说是神农、黄帝、帝颛顼、帝喾、帝尧、帝舜,或说是黄帝、金天氏、高阳氏、高辛氏、陶唐氏、有虞氏,或说是黄、赤、黑、白、青五帝。上面有将六人称为“五帝”的说法,他们解释因为六人均合五帝星座。我国著名历史学家顾颉刚教授长期研究古代历史，提出传说时代的历史累层造成学说，确属科学的见解，和我在上面提出的渗透融合观点，是完全一致的。本质的问题，不在于"三皇"、"五帝"究竟是谁，也许它们将是一个永恒之谜，无法正确回答，这里不妨提倡"模糊史学"；重要的问题在于实事求是地解答出现这些纷繁现象的原因和历史背景。

古代有些学者认为当时众多氏族部落中，有熊"国君"少典和有蟜氏女结婚，生炎帝和黄帝，他们的后嗣子孙繁衍发展为华夏族。虽然这个故事经过许多学者考订研讨，指出其中存在不少问题，但从传说时代到文字记录，一直流传下来。按《史记》、《国语》等史籍整理的远古历史，活动于黄河中下游的唐尧、虞舜以及夏、商、周三代，亦即华夏族，均出于黄帝，可列为以下简表：

表一： 少典 { 炎帝(姜姓)
黄帝(姬姓) }

表二： 黄帝 { 玄嚣(青阳)——蟜极——高辛(帝喾)
昌意——高阳(颛顼) }

表三： 高辛 —弃(后稷，为周代先祖)
—契(为商代先祖)
—帝挚
—放勋(唐尧)

表四： 高阳 —鲧——禹——启(为夏代先祖)
—称——老童(卷章，后嗣为楚君先祖)
—穷蝉——敬康——句望(句芒)——桥
牛——瞽叟——虞舜

华夏族的远古历史，上面仅描述出了概略情况，当然不能全盘否定，但也不能全盘肯定，尚待批判继承，深入研究。

　　作为一个民族,始终都在运动、发展、变化的过程当中,增殖裂变,有时同源异流,有时异源合流。华夏族也不例外,按上列表格,似乎华夏族的夏、商、周三代出于一根,为同源异流;但作为三个不同的共同体,他们各有自己活动的基本地域,各有自己祖先历史的传说,各有自己的风俗习惯以及社会生活,各自的经济水平也有差别,即使三代出于同源,在一两千年的演化中,难免量变和质变;如果按层累造成和渗透融合观点解释以上表格,可能更为适当。

　　华夏族在三代时期及其以前,显然存在许多民族部落或方国,所以古代有"诸夏"或"诸华"一词,其中以夏、商、姬、姜四个共同体或族系的史迹最为丰富。他们之间也有一个渗透融合的问题。长期的通婚、战争、结盟、通商等交往的过程,既是一个矛盾统一的过程,又是一个渗透融合的过程,他们的社会生活诸方面渐趋一致,形成为一个古代民族——华夏族。"夏"的得名,显然与夏王朝的建立有关,古人解释"夏"为"大国",乃自称美名;周人往往自称为"夏",历史上有"周人尊夏"的记载。至于"华"名,似由一望可辨的服饰而来,和披发左衽不同,夏人冠冕博衣大带采饰,古人解释"冕服采章曰华",亦当为自称美名。古代黄河流域的中原文化就是以夏商周三代为核心的华夏文化。

　　华夏族在形成过程中,除与"诸夏"进行渗透融合外,还和杂居的以及周边的异族渗透融合。他们之间在文化上、血缘上、社会上、经济上、政治上均有千丝万缕的联系。这些异族,古代泛称为夷、蛮、戎、狄,或统称为夷、四夷。他们在最初和华夏有显著的区别,正如戎人自己所说:"我诸戎饮食、衣服,不与华同,贽币不通,言语不达。"看来,夷蛮戎狄诸部与华夏之间,饮食、衣服、言语均不相同,这正是不同族属的共同体之间应有的现象。

东周时期，各族矛盾统一的进程，日趋激烈，当时人们提出"夷不乱华"，"裔（按即夷）不谋夏"，应当"用夏变夷"。"蛮夷猾（乱）夏"是当时社会上的严重事件，当时最有威望的政治家是能够"尊王攘夷"的人，当时一方面有华夷的区别，或称为"严夷夏之防"；但另一方面，对这类区别并不绝对化，而是采取灵活方针。从个人讲，三代时期不断地出现四夷人华夏化；而华夏人也不断地有四夷化的现象；至于整个氏族部落的渗透融合，史迹斑斑可考。所以古人总结为："进于中国，则中国之"；"进于夷狄，则夷狄之"。不论民族是谁，只要接受中原华夏文化，就是华夏族人；即使中原华夏族人，只要接受四夷文化，也就不是华夏族人，而是四夷人了。

西周春秋时期，周王朝的王畿、齐、秦、晋、楚等诸侯国土以内，杂居了许多夷蛮戎狄部落。到战国时，除去四周边区以外，绝大部分均融合于华夏族中。汉代的学者明确提到这一历史现象："唐虞国界，吴为荒服，越在九夷，屩衣关（贯）头，今皆夏服"；"古之戎狄，今为中国（按融合为中原华夏）；古之裸人，今被夏服。"中国古代历史，从民族史的角度讲，应该说就是一部众多共同体相互渗透融合的历史；虽然各族之间常有战争发生，但融合的主流，始终贯穿在中国古代历史之中。

地理因素是人类社会历史上经常起作用的因素，所以华夏族和华夏文化难免打上地理的烙印。

先秦汉代的学者均认为夏商周三代的基本地域，是在黄河中游一带，当今河南省境，古称中原或"中国"，他们常说："三代之居皆在河洛之间，古文嵩高为中岳，而四岳各如其方。"三代以前的"三皇"、"五帝"时期，传说黄帝住在涿鹿，曾和蚩尤大战，又曾和炎帝战于阪泉之野；青阳降居江水，昌意降居若水，颛顼生自若水，黄

帝以姬水成，炎帝以姜水成，还有"九州"（按即"九国"、"鬼方"、芜野）、齐州、独鹿之山（按即涿鹿山、蜀山）等地，经不少历史学家考证，均在黄河、洛水、济水流域，即黄河中下游一带。

华夏族是在三代时期逐渐形成的，夏、商、周人均"不常厥邑"，特别是他们早期，都邑经常迁徙；但是，他们活动的中心地区仍然是清楚的。夏人基本在今河南西部和山西西南一带活动，商人主要在今河南、河北及山东界域活动，周人主要在今陕西、河南一带活动。三代帝王直属土地，均"未过千里"，诸侯更是"小国寡民"，但是由于具有高度文明，所以三代的政治、经济、文化势力和影响所及，颇为广大，可以说已经超越了今天的国界以外。黄河流域孕育的华夏青铜文化，虽然是北中国的产物，但它确实渗透了不少南中国诸氏族部落的文化，因而放出灿烂光芒，成为当时东亚以至世界第一流的高度繁荣的文化中心。

南中国广大土地上的古代居民，生活在公社共同体中，他们的氏族部落及其族属十分复杂，他们和北中国的粟麦文化不同，是水稻文化，由于先秦文献史料颇少，情况不详，暂不涉及。北中国的夷、蛮、戎、狄和华夏交往较多，与华夏族的形成壮大有直接的密切的关系，并有不少史迹可寻，分段概述如下。

夏代开始建立"共主"制的初期国家，王朝中央和一些夷人经常发生战争；而和另一些夷人经常合作结盟，这些夷人对中央有职有贡。夷羿、寒浞等氏族部落酋豪（敖）还和夏人有联盟关系，并"因夏民以代夏政"，取代夏王室，显然不是一般的关系。"夷夏之争"是夏史上的一件大事，延续了上百年之久。莱夷、徐夷、长夷、白夷、风夷、黄夷、赤夷、玄夷等曾和夏王朝发生战争，夏人还克曹魏之戎，戮防风之长，与畎夷发生战争。另一方面，一些夷人和夏王室保持了服属的友好关系,如方夷入贡,于夷来宾,九夷来御等。

商代建立后,逐渐出现文字,民族关系的史迹,比较具体和确切,无论是通过和平友好途径或通过战争杀伐途径,各族渗透融合的进程加速,其深度和广度远远超越夏代,许多不稳定的共同体或封闭型的共同体,日益稳定或开放,古代民族和氏族部落或部落联盟的名号大量地出现于史籍,如羌、昆夷、狄人、荤粥、西戎、九夷、佚人、蓝夷、鬼方、义渠戎、燕京戎、余无戎、始呼戎、翳徒戎等等。

"周革殷命",向四面扩展,"小邦周"除了以力服人外,还施行以德服人的方针,华夏族的壮大发展,和西周春秋时期的民族大融合有着不可分割的密切关系。西周时期,常常与周王室交互往来的外族有淮夷、徐夷或徐戎、荆蛮、犬戎、狄人、大原之戎、条戎、奔戎、姜戎、百济之戎、西戎、玁狁等,有时处于战争状态,有时处于和平状态。西周末年以后,人口增多,土地开辟,共主政治衰弱,诸侯不断强盛,杂居和周边各族逐渐兴旺,夷蛮戎狄同样不断扩张,空前活跃,留下的史迹最多,正是在夷狄交侵"中国(中原)不绝如缕"的历史背景下,出现了春秋时期百年以上尊王攘夷的霸主政治局面。同时,许多居住在黄河中下游的外族,基本融合于王室和齐、秦、晋、楚的华夏文化,进入战国以后,外族基本上仅在华夏边区活动。东周时期常见于史籍的外族诸部有山戎(无终)、鲜虞、北戎或戎州己氏之戎、淮夷、赤狄、白狄、东山皋落氏、潞氏留吁铎辰、甲氏及廧咎如、义渠诸戎(大荔、乌氏、朐衍)、长狄(鄋瞒)、骊戎、戎蛮、茅戎、庐戎、姜戎、伊洛之戎、犬戎、群舒(徐)、众嬴、九夷、百濮、群蛮、林胡、楼烦、中山、胡貉、东胡、并代、緜诸、翟獂之戎、鲜卑、匈奴等;至于长江以南的外族,这时尚未登上中华政治历史舞台,他们族部的众多复杂,到了汉唐之时,眉目才日益清楚。

同华夏杂居及周边各族,为什么能够以华夏为主体进行融合,主要原因就是因为他们生产力较为低下,文化不够先进,他们当中或者正生活在恩格斯所说的"以掠夺为光荣"的军事民主主义阶段,或者正生活在封闭的村社组织中,无论是粗耕农业或畜牧业的生活方式,均不大稳定,时常迁徙。由于居处不定,从而随地异名,随时异名,大多未经调查,或用泛名,或用自称,或用他称,或用专名。在这种情况下,要把上百个名见史册的少数民族的部落族属确切定妥,材料颇嫌不够。但是,黄河流域许许多多的氏族部落在东周时期逐渐融合于华夏的史迹,应当说完全符合历史实际,不容置疑。融合的途径有通婚、经商、结盟、战争等,总之,按辩证法则,矛盾统一地进行渗透融合。

二、考古发掘遗存的反映

建国以来,考古事业蓬勃发展,对于我国远古人群及其文化有了新的突破性认识。截至目前为止,旧石器时代地点约发现三四百处,分布于北京、河北、山西、内蒙古、黑龙江、吉林、辽宁、山东、江苏、安徽、浙江、江西、河南、湖北、湖南、广东、广西、陕西、宁夏、甘肃、青海、四川、贵州、云南、西藏等省、自治区、直辖市。一批重点遗址,已经正式发掘。这些发现说明了我国是早期人类活动的重要地区,有助于了解人类遥远的直系祖先或其旁支。

出土资料反映出我国大体上是在人类起源地范围之内,距今约一百五十万年至二百万年已有猿人生存,延续到距今一两万年的旧石器时代晚期,经历了从猿人——古人——新人的整个过程。

我们完全有充分根据认为我国东北、西北、东南、西南、华北、中南等大区均有丰富而具特色的旧石器文化和它们的能与大自然搏斗的勤劳智慧的主人,著名的有旧石器时代初期的元谋猿人、蓝田猿人、郧县猿人、北京猿人、和县猿人等,旧石器时代中期的有大荔人、丁村人、许家窑人、马坝人、桐梓人、长阳人、新洞人等,旧石器时代晚期的有河套人、建平人、山顶洞人、柳江人等。大量的人类化石对于研究人类的起源,中国古代居民种系的形成,华夏及其他民族的体质演进、变化、发展等问题,都是十分珍贵的难得的资料。大量的旧石器时代文化遗址,对于研究华夏先民及其他民族先民的社会生活、意识形态、文化内含的演变等问题,也是十分珍贵的难得的资料。我国这些早期人类应当说是中华大地上最早的主人,从高层次看,他们应当是中华民族的先民,他们的文化也可以说是中华文明的重要源头,古老而光辉的中华文明确属源远流长。

部分考古工作者根据陕西沙苑、河南灵井的发现,同华北地区旧石器时代晚期的遗存(如山西朔县峙峪、河南安阳小南海等地)进行比较研究,认为它们之间存在着密切的源流关系,提出黄河流域,特别是华北地区是细石器工艺传统的发源地,从而形成为中石器时代文化。

继后兴起的黄河流域的新石器时代文化,有较多的农业因素,其中又可分为许多不同的类型。它们向北渗透到东北、内蒙、新疆一带,远及亚洲东北部及美洲西北部,向南则渗透到我国的华南和西南地区。这类现象的出现,是和使用这些不同文化类型的诸共同体或人群之间的迁徙、通婚、收养子、贸易往来以及探险等原因,有着密切的关系。

在黄河流域的新石器时代文化中,现已发现的早期遗存有大地湾遗址、磁山文化、裴李岗文化等;关中及其周围地区的新石器

时代早期遗存有老官台文化(或称仰韶文化北首岭类型、或称李家村文化)、仰韶文化半坡类型等。

黄河中游的仰韶文化遗址已逾千处,主要分布在陕西关中地区、河南大部分地区、山西南部、河北南部;远及甘青界边、河套地区、河北北部,湖北西北部也有所发现。

大量数据表明,仰韶文化延续约二千多年,约从公元前五千年到公元前三千年,过渡为另一阶段的另一种文化。

仰韶文化反映的社会生活,可能各不同文化类型的主人,在发展水平上并非完全一致,有不平衡现象,或从母系氏族社会向父系过渡,或已进入父系氏族社会,或正由父家长制公社向个体家庭过渡,或已进入个体家庭。总起来看,社会经济似属于复合经济形态,除渔猎、采集外,畜牧和农业均已产生,如果单纯依赖上述任何一种经济手段,显然无法维持村落成员全年的生计。

继仰韶文化之后,黄河中游发展起来的文化是龙山文化。

黄河中游的龙山文化主要分布在陕西、河南、山西南部、河北南部及安徽西北部等地,其年代大约在公元前三千年到公元前二千年间,又可分为前后两个阶段,前期名为庙底沟二期文化,后期则分别以河南龙山文化、陕西龙山文化及陶寺类型命名。从社会经济生活分析,这些龙山文化较仰韶文化更为先进,父权制似已确立,私有财产也已经产生和发展,并有贫富两极分化迹象,农村公社和家庭公社同时并存。

山东一些考古工作者清理了山东古文化的序列;北辛文化(公元前5700—公元前4700)→大汶口——龙山文化系统 (约公元前4300—公元前1900)→岳石文化(公元前1900—公元前1600)。这个序列仅是勾划一个大致轮廓,它的基本情况和黄河中游的仰韶文化、龙山文化有同步现象。

根据出土器物的形制、花纹等考察,结合文化内含,黄河中游与下游即东西两面的新石器时代文化有或多或少的交融和渗透。华夏先民的文化,主要应是黄河流域东西二面居民所共同缔造的。

黄河上游、长江流域、东南沿海、西南地区、北方地区(包括北方、东北、内蒙、新疆等地)均发现许多新石器时代文化遗存和不同的文化类型,它们的文化内含各自具有地方特色或本族的特色,又或多或少地与相邻文化或中原文化有所渗透混融。应当说,这些不同文化及其类型,反映古代南北中国存在了许多不同氏族部落的共同体,他们分别直接间接构成现今我国境内约六十个民族的先民。

从考古文化分析,在新石器时代,无论是在北中国或南中国的土地上,人们共同体所创造和使用的文化,基本上各有特色。黄河上游的仰韶文化或龙山文化,以及其他各地的青莲岗文化、大汶口文化、山东龙山文化,还有马家浜、河姆渡、良渚、屈家岭、大溪、石峡、仙人洞、甑皮岩、红山等等新石器时代文化,从时间上看,不少具有同步的现象;从文化内含看,不少发展水平比较相似;从经济形态看,大多为复合经济生活;农业中心并非单一,北方粟麦生活与南方水稻生活平行演进;畜牧业中的六畜多已先后具备,但是游牧民族的出现确属较晚的事,至战国时期才开始登上中国的历史舞台。各个文化之间虽有渗透混融,但大多都有自己的特点。总之,我们有理由说,中国新石器时代的文化是多元的,并非由一个中心四散传播。文化的混融,从一个侧面反映出民族的混融,华夏先民共同体的萌芽形成,可以从这里透出一些信息。

到了青铜时代和铁器时代的开始,夏商周三代贯穿其中,标志

古代文明重大成果的事物,如国家的形成,文字的出现,城市、宫殿、王陵的兴建,高度发达的青铜制造冶铸业,以及铁器、礼器、兵器、玉器和商业贸易等,黄河中下游的中原地区均居于周边地区的前列,并有向周边民族传播的史迹,以华夏为主体民族所建立的夏商周"共主"的政治国家,及其社会经济、文化均属于当时"天下"的高峰。所以我们说,黄河流域是中华民族的摇篮;华夏族是当时各族最先进的、文化最高的民族;周代贵族中出现的大民族主义在那时并未形成主流,各族事实上的发展不平衡和渗透融合、取长补短,按矛盾统一的辩证法则构成三代历史的主流。

华夏族就是在这个历史的主流中所形成的,由小到大,由分散到统一,由不稳定到稳定,由低级到高级,由单一到复合。华夏族和其他各族长期共同缔造了我们伟大祖国,各族之间既相互矛盾斗争,又相互促进混融。而各族之间的渗透融合是各族关系的主流,随着时代的演进,各族之间的联系日益紧密,往来日益频繁,日益具有更多的共同性和密切性,政治、经济、文化、社会、历史和心理状态等多方面的不可分割性日益增涨。另一方面,同时,并存的各族仍然具有自己的民族特点,并不断发扬本民族的优良传统。

略论汉民族的形成

贾 敬 颜

汉族旧称汉人,以"族"相称是晚近的事,是时代要求和它自身发展的结果。

汉人之称乃因汉王朝而得,这是不言而喻的,但汉人的历史绝不始于汉朝。那么,汉朝以前的汉人又叫什么?叫"华夏"或单称"华"与"夏","华"又有"诸华"、"夏"又有"诸夏"的称呼,其所以用"诸"字,无非表示称"华"称"夏"的人族非一类,地非一区,部落不限于一姓一氏而已。古书是这样解释"华夏"的:第一,"华夏一也",名称虽不同,内容却无异;第二,"华"所以言中国"有章服之美","夏"所以言中国"有礼仪之大"。因此,"华夏"又是"中国"一词的代用语。

传说周武王伐殷,"华夏蛮貊,罔不率俾"(伪古文《尚书·武成篇》)。但不可信。"华"、"夏"、"诸华"、"诸夏"以至"华夏"连称,应是春秋时代的事。

春秋是中国历史上大动荡、大分化、大改组的变革时代,因而

也是民族大迁徙、大纷争、大融合的伟大时代。"华夏"、"华"、"夏"、"诸华"、"诸夏"是与"戎狄"、"夷狄"、"蛮夷"、"诸戎"对举相应产生的。可以这样说，没有"戎狄"、"夷狄"、"蛮夷"、"诸戎"的存在，就没有"华夏"、"华"、"夏"、"诸华"、"诸夏"的出现。《淮南子》一书的作者，甚至把中国所有的民族看成一家兄弟。

民族和其他事物一样，有两面性，既互相排斥，又互相吸收。春秋时代不但呈现出民族情感的融洽与和谐，而且发生了民族意识的模糊和民族壁垒的泯灭。如姜戎氏被秦人远驱到瓜州(今甘肃安西县东南)，其首领自言"我诸戎饮食衣服不与华同，贽币不通，言语不达"，但能赋《青蝇》之诗以见志;晋国则"谓我诸戎是四岳之裔胄也"，不但与之联兵，与之通婚，并发生过魏绛"和戎"的历史佳话。又如吴国贵族虽系"周之胄裔，而弃在海滨，不与姬通"，直至强大以后，才"比于诸夏"，"同于先王"。所以，"华夏"与"夷狄"的区别不完全决定于族类是否相同，而是看社会、文化发展程度如何。当然，如果把历史推向更古，则虞、夏、商、周的先公先王无不出自"蛮"、"夷"、"戎"、"狄"。严格说来，"华夏"便是"蛮"、"夷"、"戎"、"狄"异化又同化的先进产物。一部先秦史，无异于"夷"、"夏"形成史，或由"夷"变"夏"史。

秦统一的同时，构成汉民族(虽然那时还没有这个名称)的四个要素，一一具备了。早在战国时代，已从"攘夷"走向大一统，在五行五方思想指导下，"华夏"与"蛮"、"夷"、"戎"、"狄"各居中央及东西南北一个方位，"九州"说是"华夏"的统一地理概念。还树立了各民族的共同祖先——黄帝，其他，语言和经济的统一，也在各自努力地完成着。总之，一个整齐的模式形成了。

汉民族虽得名于汉王朝，但汉朝之人并不被称为"汉人"，而是被称为"秦人"。其所以被称为"秦人",自然是因为秦王朝的统一中国而声威远震了。尽管那时秦朝已经灭亡,但"秦"的名称却永久保留在人们的心目中,至今,外国人称中国为"支那",为China,即渊源于"秦"这个字。

在汉朝,"秦"与"胡"是对称的。"秦胡"也成了一个专名词。甚至用"秦胡"或"秦与胡"比作"参商"或"参与商",以示天各一方而又不相离弃的两颗星宿,这一词语一直沿袭到晋朝。

李慈铭主张"中国人别称汉人起于魏末",条举了《北齐书》、《北史》中那些对汉族带有诬蔑性的称呼——"汉"、"汉子"、"汉辈"、"汉家"、"汉妇人"、"汉老妪"、"汉小儿"、"头钱价汉"(又作"一钱汉")。陈垣复拈出"狗汉"、"贼汉"、"汉儿"诸恶称,甚至当时有的人以西胡为"汉",以鲜卑为"汉",于是得出结论:"盖'汉'之一字始以骂汉,后乃泛以骂人,不专属于汉矣。"据两先生所说,汉人之名始则包含了侮辱性,且是在胡人"当家"、汉人"受治"的时代发生的,是一个民族压迫另一个民族的产物。这是事情的一个方面。另一方面,汉人的出现又是民族团结的产物。高欢的一段讲话最富有代表性,"其语鲜卑则曰:'汉民是汝奴,夫为汝耕,妇为汝织,输入粟帛,令汝温饱,汝何为凌之?'其语华人则曰:'鲜卑是汝作客,得汝一斛粟,一匹绢,为汝击贼,令汝安宁,汝何为疾之?'"极力以此调和征服者与被征服者、压迫者与被压迫者之间的矛盾,实际上也是胡汉分治的一种办法。

民族杂居、民族友好以及由此产生的民族团结、民族融合,历史文献为后人留下了若干片断,今举数事以为例证:

1.丹州宜川县西北有库碙川,"川南是汉,川北是胡,胡汉之人于川内共结香火,胡唤香火为'库碙',因此为名"(《太平寰宇记》卷

三五)。胡谓"稽胡"(步落稽)。他们"胡头汉舌,其状似胡,其言习中夏"(《元和郡县志》卷三引《隋图经》)。在这里,我们不但看到了不同民族间的生死与共,而且看到了胡人汉化的经过。语言虽失,相貌犹存。

2.高昌延寿十四年(637)《兵部差人看客馆客使文书》数见"汉客张小意"及汉客某之名,而其他使客多属胡人(《吐鲁番文书》第四册132—135页)。可见胡汉同行止、同起居、同食宿,是很普遍的现象。

3.《北朝胡姓考》一书的作者,考出北朝胡姓195个。计:东胡13姓,东夷3姓,匈奴13姓,高车9姓,西羌12姓,氐族5姓,賨族1姓,羯族6姓,西域13姓,而《魏书·官氏志》已载有宗族10姓,勋臣8姓,内入68姓,四方34姓。大量胡姓登录于中国谱牒世系,反映了胡人向汉人的转化,他们或迟或早地消失在民族最终混为一体的漩涡之中。

自东汉迄于隋、唐,关中的少数民族始终以氐、羌、匈奴为主出现于中国的历史舞台上。关中之氐族,西晋时即列入编户,其与汉人的融合约在北朝时期。羌族的融合于汉人,约在中唐以后,杜甫诗中尚有以《羌村》为题的诗三首及咏"羌父"、"羌儿"的诗句。匈奴又迟于氐、羌,直到唐中叶始销声匿迹,与延河流域的汉人相互融合,上举稽胡的情况便是如此。北镇鲜卑杂胡入关者多,来势亦汹猛,但一至隋、唐便不成其为民族集团,而只以一种少数民族的成分出现于朝廷、戎伍、闾里之间。大诗人元稹、白居易,外人尚能指出他们为某某民族的后裔(元为拓跋氏,白为龟兹人),而他们自己,却俨然以汉胄自居,不复承认自己的少数民族成分了(参考马长寿《碑铭所见前秦至隋初的关中部族》一书)。

"汉人"、"汉儿"之类名称的出现在北齐,而隋、唐沿袭,但应用不广,大量使用"汉人"、"汉儿"之类名称的时代是辽、金、元。

辽朝由契丹与汉人两大民族组成,实行胡汉分治。在辽,一方面体察到两种生活、两种文化的冲突,一方面看见了两个民族乃至更多的民族趋于同一,走向统一,那时,至少渤海人(相当一部分)是被视为汉人的;而汉族也以"汉人"、"汉儿"自居,似乎不大留意这些名称所包含的贬意了。辽金鼎革之际,社会上便有"契丹、汉人久为一家"的说法了。

金朝以"燕人"与"南人"对称,又以"汉人"与"南人"对称。金的"燕人"即"汉人",指旧辽境内的汉人;而金的"南人"则指山东、河南之人,亦即辽、宋分界的汉人。金朝女真人汉化的程度与范围远较契丹人为深为广,当其盛世之时,已有使统治者"猛安人(即女真人)与汉户今皆一家"的叹息。

契丹人、女真人的汉化不因元朝的兴起而停步,相反,速度加快了。1284年,元政府定拟军官除授"格律",即以"女直(即女真)、契丹同汉人。若女直、契丹生西北不通汉语者,同蒙古人;女直、〔契丹〕生长汉地,同汉人"。大家知道,语言是民族"四要素"中最"保守"的一项,语言的消失,说明了汉化的彻底性。

元朝把国人分为四等,"汉人"第三、"南人"第四(蒙古第一、色目第二)。元"汉人"有八种名目,所谓八种,即:1.契丹,2.高丽,3.女直,4.竹因歹,5.术里阔歹,6.竹温,7.竹赤歹,8.渤海。狭义的汉人被算在南人之中了。术里阔歹、竹赤歹似是女真的重复(蒙古人的叫法),竹因歹、竹温又似是糺——札忽歹的重复;辽金两朝尚视糺为"杂人",为"异类",到元朝居然混同入"汉人"了。

蒙古语称汉人或中国为 Kitat(乞塔惕)则译自"契丹"。此词在

伊斯兰著作家写作 Ḫitai 或 Ḫătai，欧洲著作家及景教徒则名为 Catai 或 Cata、Cathay，迄今并通行于苏联、东欧等国。犹之乎突厥等人称中国为 Tabghač，罗马著作家写作 Tanghast 一样，从唐到元，中亚之人普遍使用这一称呼，丘处机去西域，仍听见"桃花石诸事皆巧。桃花石，汉人也"的赞赏之词。"桃花石"来自"拓跋"之称，拓跋正是鲜卑的一个强悍部落——北魏的创建者。

汉民族以其发达的经济和高度的文明屹立于中国，于世界，其特殊之点表现为非凡的创造力、惊人的吸收力和巨大的凝结力。说汉民族形成于秦汉，发展于魏晋南北朝，壮大于辽、金、元，大致有脉络可寻。我们主张汉民族形成于秦汉，是说秦统一全中国以后，先秦时代那些人无论是"华"是"夷"，一概叫做"秦人"了，他们散布在秦的广阔疆域以内，说着彼此懂得的语言，过着大致统一方式的生活，有着基本相同的思想意识。秦亡了，汉将这"四要素"继承下来，并加以广大化和深刻化。我们说魏晋南北朝为汉民族的发展时期，不只因为此际正式出现了"汉人"、"汉儿"之类的名称，还因那些骂别人为"汉人"、"汉儿"之类名称，从而统治汉人、压迫汉人的"异族人"，最后也不得不变作汉人。这一趋势，在辽、金、元三朝达到了顶点。

有先秦的"夷"、"夏"之辨而后有秦的民族统一，汉继之；有魏晋南北朝的"胡"、"汉"之别而后有隋的民族统一，唐继之；有宋、辽、金、西夏的四朝鼎立而后有元的民族统一，明清继之。没有前一代（或几代）的努力，便没有后一代（或几代）的成绩。国家的繁荣昌盛是多方面因素造成的，其中民族的融合居于优先的地位。

历史上的统一与分裂是辩证的。统一之利，人们易知易晓，其弊是人力物力的过分集中，尾大不掉。分裂之弊，也易知易晓，其利是进取心切,斗争性强,一般说来,民族发展在分裂时期比较统一时期更为有利,如南朝大量"左郡"、"左县"的设置便促进了江南地区(特别是山区)的发展。

"汉人"在明朝有了更为宽广的内容。朱元璋于1368年(建国之初)颁布了一道禁止胡服、胡语、胡姓、胡俗的命令,而且以后反复重申这一禁令。所谓胡服、胡语、胡姓、胡俗即蒙古、色目人的服装、语言、姓氏、风俗,不管禁令效果如何(不可能一切根除,特别是在风俗、语言方面),然而毕竟加速了明朝境内蒙古、色目人的汉化进程,根据文献记载和社会调查,山东章丘县术姓(术虎氏)、儢姓,河南固始县的祝姓(竹贞之后),洛阳地区孟津、新安、渑池等县的李姓(木华黎之后)以及平顶山市的马姓、宣城、镇平、内乡、淅川、新野、新召、南阳六县的王姓,以至福建惠安县的出姓,南安县丰州的黄姓,等等,他们的原籍非蒙古,即色目,大约都在此时转变为汉人,不管是自然的同化,还是强迫性同化。久已溶解于汉人之中的渤海、契丹,此时连族名都不见了,而一部分女真人则混入蒙古族,南阳地区的仝姓(夹谷氏),分明出自女真,但却自认是"鞑子"。

清朝是由满族建立的,它的"民族政策"是满、蒙、汉三等级,而汉人又分作隶属八旗的"汉军"与普通汉人;按照当时的制度,"汉军"应该算为满人。清朝又有"旗""民"之分,凡满人(包括"汉军"及"八旗蒙古")皆编入八旗,而"民"则指广大的汉人。

中华民国代替了大清帝国,"民族政策"也从满、蒙、汉三等级发展而为汉、满、蒙、回、藏"五族共和";大概也正是在"五族共和"之说提倡以后,"汉人"才正式改称"汉族"的。"五族共和"的口号自然比过去一切民族等级,以及从而产生民族压迫、民族歧视的"理由"高明得许多,但过去的人不了解,汉族是一个大杂烩,它像滚雪

球一样,随时随地吸收别的民族,团结他们、同化他们、吸收他们以发展自己,壮大自己,这就是汉民族形成过程的简单图画。所谓"炎黄子孙"既包括了先秦时代的"华"、"夷",也包括了秦汉以后的"胡"、"汉",更包括了辽、金、元以至明、清迄于今天的各民族之间的大融合,大团结,这正是汉民族非凡创造力、惊人吸收力和巨大凝结力所表现的历史硕果。

试 释 汉 族

李 一 氓

　　从社会发展史而论,中华民族必然有过旧和新的石器时代。今地下考古所证明的有许多类型的文化,如仰韶、龙山、齐家、青莲冈、良渚等等,大致均在今黄河流域。似乎可以说都是汉族的祖先。但古人类学所提及的"北京人"、"德阳人"、"元谋人",恐怕就不是汉族了。

　　古老的传说,黄帝与蚩尤战于涿鹿之野,地在今河北宣化,打败蚩尤之后始称帝。又说,黄帝炎帝争为帝,战于阪泉之野,地在今河北保定,黄帝灭炎帝。蚩尤、炎帝恐都不是夷族,不过古代三位酋长争为雄长而已。但今把蚩尤去掉,我们自称"黄帝子孙",炎帝也很幸运,我们自称为"炎黄遗胄"。三代的第一代"夏",即夏禹之夏,夏都阳城,今禹县;又都安邑,今夏县。夏史目前还是传说成分多,但已和黄帝同等,作为汉族的代表,称"华夏",如与非夏族相对称,则为"夷夏";沿用至今。至于"华夏"之"华",载在古书的,如《尚书·武成》:"华夏蛮貊,罔不率俾。"《传》:"冕服采草曰华,大国曰夏。"

《疏》:"华夏为中国也。"《左传》定公十年:"中国有礼仪之大故称夏,有服章之美故称华。"故华为美好义。章太炎以为我国民族依华山而居,故名其国土曰"华",恐未必然。

商周历史,虽有文字记载(甲骨文与金文),可不怎么行,我们现时并不自称为"商人"、"殷人"、"商族"、"殷族",也不自称为"周人"、"周族"。周后期,春秋之际,秦始终被称为"西戎",不与中国盟会;楚则被称为"荆蛮",甚至《诗经》中有《秦风》而无《楚风》,中原人认为它没文化。此时,中原各部族国家,变成多数,称"诸夏",或"诸华"。战国时代,据《左传》、《淮南子》及《汉书》,都有"亡国五十二"的记载。为:戴、覃、遂、郫、舒、弦、温、黄、项、梁、邢、夔、江、六、庸、舒蓼、根牟、萧、潞氏、甲氏、留吁、鄅、舒庸、鄩、莱、偪阳、邶、舒鸠、赖、陆浑、巢、徐、沈、许、顿、胡、邓、息、耿、霍、魏、虢、虞、滑、蓼、鄾瞒、肥、鼓、唐、曹、陈、吴。其中陆浑显然不是汉族,在淮水地区的国则属于淮夷,最后的吴亦当不是汉族。但今天就无所谓了。

秦灭六国,统一中国后,我们不自称为秦人,但秦以后的西域各国却称我们为"秦",China 之名,由此而得。

秦以后为汉。汉并非族称。先是,秦废封建为郡县,在今汉中设汉中郡。刘邦、项羽灭秦,刘邦到汉中任汉王。刘灭项,即定国名为汉。东西汉在北方和西北方进行领土扩张,威名大震。比邻国家或民族称汉人,意谓汉国之人,亦并非谓为汉族。

东晋十六国时期,北方诸国,如刘曜(匈奴族)、石勒(匈奴族)、苻坚(氐族),以据有南京及中原,自居为中国皇帝,反称东晋为"吴人"。另《晋书·匈奴传》仍沿《后汉书·南匈奴传》称:"于是南匈奴五千余落入居朔方诸郡,与汉人杂处。"此汉人意即汉朝人。但中原民族仍自称"华"、"夏",《晋书·食货志》谓汉中"杂有獠户,富室者愿参夏人为婚,衣服、居处、语言殆与华人无别。”

大概在南北朝时,“汉”就赋予“汉族”之义了,因为北朝魏、北周统治者都是鲜卑族,故对所统治的北方居民,统称为“汉人”(或“汉儿”),语言则称为“汉语”。如《北齐书·祁武纪上》,高欢称:“今以吾为王,当与前异,不得欺汉儿……”《通鉴》梁纪“汉儿”作“汉人”。《南齐书·魏虏传》“悉置彼官,使皆通虏,汉语,以为传译”,即以鲜卑(虏)语与汉语对称。《北齐书·高昂传》:“高祖曰:高都督纯将汉儿,恐不济事,今当割鲜卑兵千余人共相参杂……昂对曰:敖曹(高昂字)所将部曲……不减鲜卑,愿自领汉军,不烦更配。”又:“一日刘贵与敖曹坐,外白沿河役夫多溺死,贵曰,一钱汉,随死之,敖曹怒,拔刀斫贵。”胡三省在“一钱汉”后注云:“言汉人之贱也。”《北齐书·恩倖传》:“韩凤以恩倖至高官……每朝咨事……辄詈云,汉狗大不可耐,唯须杀却。”史书中记汉人为汉狗者,仅此一例。

到了隋唐,更是汉蕃不分了。唐朝气魄很大,边疆民族在唐任高级武将甚多,如契苾何力、薛吐摩支、安禄山、哥舒翰、李光弼等。在战斗员构成上,这些人多领蕃汉兵混编的队伍,甚至郭子仪、郭虔瓘所率的队伍,亦系蕃汉兵混编而成,《唐书》上常称某某“率蕃汉兵”若干万。唐与吐蕃有时划定边界,则称蕃界、汉界,如西藏拉萨《唐甥舅联盟碑》文中,叠有蕃、汉字样,或分写,或联写。因此这些“蕃”字,不一定指某一边疆民族,而是指所有边疆少数民族,“汉”则指唐地及唐人,已自然具有汉地、汉族的意义。

“汉人”具有一种血统编民的法律意义,则为辽朝所特有,因为辽用两种法律统治人民,对契丹人用契丹法,对汉民用汉法(其实即宋法),故有必要区别两类法律对象。

蒙古族建立元朝以后,对中国的民族压迫制度特别明显,它把

原在金境内的汉人,包括契丹、女真等,列为第三等,而把后来征服的,原南宋境内的汉人,列为第四等。所以,在朱元璋起义时,能够利用这个压迫制度所存在的汉人的民族情绪,提出"驱除胡虏,恢复中华"的口号。至清代,则满汉对称,如尚书一职有满尚书、汉尚书之分。因此,汉族作为族称就肯定下来了,虽然还只有"汉"的说法,而没有"汉族"的说法。

至此,由刘邦所建的汉,从东晋向后,逐渐转而为中原人族称。但汉朝的经学称"汉学"与宋朝义理之学"宋学"相对称;称中国医术为"汉医",称中国药为"汉药";则是另一种情况。至于外国人称中国学为 Sinology,则当译作"秦学",现为方便起见,我们把它译为"汉学"。

秦则只有西方语言对音 Sino,China 还流传下来。而周秦以前文字,以及后来的较古的文言文,我们现在都称之为"古代汉语"了。

"炎"、"黄"、"夏"则只有文字意义,口语上已少用了。

倒是"华"则意义有发展,已明显地为一种具有中国意义的族称,是"中华民族",而不是"汉族"。如"访华"之"华",意指中国,"华侨"、"华裔"、"华人"等,则指中国血统的人。华侨的商业同业组织,称"华商总会"。

"唐"则是一个遗留下来,有特殊意义,现时还在用的词,指中国,亦指家乡,唯华侨用之。如在美洲,华人聚居的地方称"唐人街",一些老华侨仍着清朝衣服,称为"唐装"……而一般华侨又谓回中国为"回唐山"。

由于汉朝、汉人、汉族诸种情况的历史衍变,在语言中,汉有时并不特指汉朝、汉人、汉族等等,而是一个泛指名词,代替人——男人字义来用。如好汉,勇敢的男人;老汉,上了年纪的男人;醉汉,吃酒醉了的男人;汉子,意味丈夫,从这个意义,又发展成野汉之类;懒汉,懒惰的男人;庄稼汉,种庄稼的男人,如此等等,这就和"汉"的原意,不大相干了。

自氏族社会、部落社会以来,由于方位的关系,主要在东北、正北、西北、正西、西南几个方面,中国各民族,在这三四千年的历史发展过程中,已固定下来,为五十六个,其中汉族最大。

历史上曾经出现过的民族,从猃狁算起,就族称上讲,多数已不存在于现在这个民族舞台。这不能理解为这些民族已在现存中华民族细胞中消失了(有极少数,可能消失了)。历史上的民族融合,基本上是通过军事手段,军事手段以后,就是大规模迁徙。而这个融合,又基本上是融合于汉族。汉朝攻击匈奴的军事行动,把匈奴强分南北两部,降服了南匈奴,赶走了北匈奴。南匈奴又被南移到西河郡,即今天的内蒙南部接到吕梁山以西,至陕西宜川以北地区。经过近两千年的演变,可能这些南匈奴已逐渐融化到今天的汉族了。从317年西晋灭亡,到581年隋文帝取代北周,共二百六十多年,是为南北朝时期的北朝。中国北方,一直到黄河流域,基本上是鲜卑族的天下。加上东魏、北周的汉化政策,其结果这个鲜卑族也极大可能融化到汉族了。唐朝当是中国历史上最开放的时代,汉蕃不分,打安禄山,打黄巢,都借用少数民族的武装力量,有名的如李克用父子,如李光弼,如叶护(回纥太子),而武装力量本身又是民族融化的一股不自觉的因素。与宋代并存的辽,是契丹族,曾统治燕云十六州的汉族农业区域;金是女真族,曾统治黄淮的中原汉族地区,这两族在元代就和北方的汉人共同被列入第三等级,可能逐渐和汉族同化。但女真在东北的部分成为满族的祖先。元朝情况

特殊,朱元璋打进北京时,元顺帝作为蒙古族首领,他们有一个退路,就北撤到原蒙古地区去了。同时在历史上它是一个大民族,所以至今还是中华民族的主要成员之一。辛亥革命以后,满族又另是一种情况,它没有聚居地区,皇室也还依然设在居住北京原清宫,特别是驻防的旗兵,也就改名换姓,散居在原地了,而且大致都汉化了。

辛亥革命以后,这个以武装强制的民族融合的长过程就算完成了。

这种融合,甚至从姓氏上也可以窥测到一点消息。少数民族改汉姓,可以从好多今天都不见了或不大见了的少数民族双姓推论原因。常见的汉人双姓如司马、司徒、诸葛、欧阳、长孙、上官等,人口登记册上还不会少。但少数民族的双姓,如尉迟、耶律、拓跋、宇文、慕容、呼延、尒米、斛斯、贺拔、独孤、库狄、斛律、鲜于、赫建、豆卢、贺若、乞伏、沮渠、完颜……就很少在人口登记册上查得到了。举个例子:北朝魏王族的拓跋氏,为鲜卑族,改姓元;北周推行汉化政策,可能鲜卑族的人都改了汉姓。隋末有名的王世充(字行满)就是西域胡人,史称其"卷发豺声"。契丹族的耶律,入元以后,仍有姓耶律的著名人物,如耶律楚材,明以后就很少见了。据说北京有些姓律的居民,就是原耶律姓简化的,如与四大名旦同时的旦角律佩芳,自称为旗人,可能为"耶律佩芳"。元顺帝退出北京北撤时,在南方的蒙古人、色目人都来不及走了,只能就地当老百姓,如湖南有维吾尔族人,历史学家翦伯赞就是。清朝例子更多,诗人法式善,蒙古族,蒙姓原为乌尔吉。齐燕铭同志也是蒙古族人,已改汉姓齐。收藏家景朴孙,蒙古族人,原姓完颜。满族作家震钧,辛亥革命后改姓唐名宴,字元素。关向应同志亦是满族人,其姓关,当亦是辛亥革命以后的事。辛亥革命后,原驻防成都、杭州的旗兵,绝大部分留在原地,改汉姓汉名,恐今已自称为成都人、杭州人了。这种情况,大致均发生在激烈的武装斗争、改朝换代之后,是很自然的。

现在,除蒙古族有蒙古姓名,新疆各族有本民族的姓名,藏族有西藏姓名之外,东北各族,宁夏回族,四川、贵州、云南、广西、湖南、湖北、江西各西南民族就都是汉姓汉名,也有保持原姓的,如刀美兰,虽属傣族,但仍承汉名,生活也相当汉化了。

其实汉族融合中,不仅有周围的少数民族因素,即远地区的外国人,亦以汉姓而居留中国成为汉族人。如泉州的蒲姓,其远祖是阿拉伯人;宋时,在开封原有十七姓,清初为李、艾、赵、张、高、金、石七姓,现还有张、高、石、李几姓是犹太人的后裔;福建萨姓是萨都剌的后人;五代时成都有李洵,《花间集》的作者之一,原是波斯人。《十国春秋》有传。唐时和李白有交往,并在唐王驾前为臣的晁衡,是日本人。唐时,在长安从事佛经翻译工作的大师,多属小亚细亚各国和印度人。当然,这不能理解为一用汉姓汉名就是汉族人了。我只想说明有些民族汉化以后,要找出它的远祖的血缘关系,是比较困难的了。今天要在中国土地上,找出一个村庄或城镇,自黄帝以来,就一直还是百分之百的汉族,恐怕是不会有的事了。

由于中原汉族的文化发达、经济发达,农业和手工业生产水平高,在民族融合中,这两个因素的作用可能更大,但它是正常而缓慢地进行着,不像军事斗争、政治斗争那样的急剧。这其间的变化过程,这里暂置而不论了。

汉族的成长历史就是如此,在中华民族内,把汉民族发展史和其他各民族发展史割裂开来,是非历史唯物主义的,把它们对立起来,就更加错误了。

鲜　卑

邱久荣

　　鲜卑是我国古老的民族之一。

　　关于鲜卑的族源,文献记载纷纭,一说是炎黄子孙,世居北方,如《魏书·序纪》说鲜卑拓跋氏是黄帝少子昌意之后;崔鸿《十六国春秋·前燕录》说鲜卑慕容氏是有熊氏之苗裔;《周书·文帝纪》说鲜卑宇文氏出自炎帝神农氏。这些说法都是鲜卑"入主中原"后出于政治目的的假托,不足信。一说是汉人北逃后发展起来的,如东汉应奉认为鲜卑是秦修长城逃出塞外的囚徒;沈约《宋书·索虏传》说拓跋氏是李陵之后,这些说法亦无任何根据,纯属附会。一说是东胡的一支,东汉以来的学者多持此种看法,如胡广、陈寿、范晔等,这一说法比较符合历史实际。东胡见于文献记载比较早,战国时活动于燕、赵的东北方。西汉初年,被匈奴冒顿单于击败,部落分散,并北迁。东汉初年,鲜卑的活动开始出现于史籍,当时他们的势力已发展到今辽河上游西拉木伦河流域。那么鲜卑又是在北方何地发展起来的呢?史称鲜卑"以山为号",即他们居住在鲜卑山,以山而得民族名。但鲜卑山在何处？一直使史家迷惑。1980年7月,呼伦贝尔盟文物工作者在内蒙古自治区呼伦贝尔盟鄂伦春自治旗阿里河镇西北十公里嘎仙洞内发现了鲜卑拓跋部祖先的"石室",证明了大兴安岭北段即是文献记载的大鲜卑山,终于解决了中国古代史上一大疑案。据此可以推论,东胡的一支北迁后,因居住在鲜卑山一带,而得名鲜卑。大约在西汉武帝时,随着匈奴势力衰弱,鲜卑开始南徙。但因他们地处乌桓(东胡的另一支系)之北,与西汉无来往,故史文不及。

东汉初,鲜卑与东汉发生了交往,并与乌桓、匈奴、东汉形成了错综复杂的关系。汉和帝永元三年(91),匈奴被迫第二次西迁,于是鲜卑以扇形之势向西南纵深地带迁徙,填补了匈奴人留下的空白。值得注意的是,当鲜卑控制了北方大草原之时,不少匈奴人被融合到鲜卑之中,《三国志》裴注引《魏书》称:匈奴西迁后,"余种十余万落(落相当于户),诣辽东杂处,皆自号鲜卑兵"。在此次之前及以后,亦当有大量匈奴人融合到鲜卑之中。所以北周皇族宇文氏、北朝大姓独孤氏,追根溯源,都是出自匈奴,也就可以理解了。大批匈奴人成为鲜卑的一部分,无疑壮大了鲜卑的势力。公元二世纪中叶(东汉桓帝年间),在著名领袖檀石槐领导下,以弹汗山(内蒙古商都县附近)为中心,建立起东至扶余、西接乌孙、北距丁零、南至塞北的强大部落联盟。檀石槐分其地域为东、中、西三部,每部有一二十个部落,分设大人(犹如匈奴之单于)统帅。汉灵帝光和年间(178—181),檀石槐死,其部落联盟随之解体。三国时,上谷塞外的柯比能部又一度强盛,"尽收匈奴故地";与此同时,檀石槐孙步度根及辽西、右北平、渔阳塞外的鲜卑大人素利、弥加、厥机等势力亦较强大。西晋时,鲜卑各部继续内迁,其中一些部落开始转为定居

生活,从事农业生产,并开始封建化。特别是西晋末年,中原地区大批流民北徙,与鲜卑杂居,加速了鲜卑人的封建化过程。随着西晋统治集团的腐朽,"八王之乱"以及匈奴人刘渊建汉国,使北部中国政治出现了混乱局面,于是鲜卑各部得到了进一步发展的机会,其中辽西的慕容部、宇文部、段部,代北的拓跋部以及河西走廊各部都非常强盛。所以在西晋灭亡后的年代里,鲜卑各部亦先后建国,成为"五胡十六国"的重要组成部分,其中慕容部先后建立了前燕(337—370)、后燕(384—407)、西燕(384—394)、南燕(398—410),秃发部建立了南凉(397—414),乞伏部建立了西秦(385—431),拓跋部建立了代(315—376)。慕容部不仅建立了四燕国,而且前燕、后燕都曾一度控制关东广大地区,在"十六国"史上占有重要地位。淝水之战后,拓跋珪于公元386年重建代国,旋称魏,史称北魏,至公元439年,北魏终于统一了北方,结束了十六国混战局面,这无疑是一大进步。从此至杨坚建隋为止,北方政局尽管发生了重大变化,如北魏分裂为东魏、西魏,东、西魏又分别为北齐、北周所取代(北魏、东魏、西魏、北齐、北周合称为北朝),但鲜卑一直是北朝的统治民族,他们完全统治北中国达一百四十余年,仅此一点就可以看出鲜卑在我国历史上所占的地位是何等的重要。

　　鲜卑势力能够得到迅速发展,并长期统治北方,除了外部的有利因素外,就其本身来说,也是有多方面原因的。首先,鲜卑南迁过程中有一个很突出的特点,那就是他们很快地接受了汉族的先进文化、先进的生产技术,由游牧经济转为定居的农业经济,这一点是匈奴人所不及的。其次,鲜卑贵族十分重视与汉族士族相结合,其中慕容部尤为突出,早在西晋末年慕容廆时期,就在辽西招徕中原流民,为他们设立侨郡;投归的汉族士族不仅为慕容廆谋划于帷幄,而且也是前燕统治集团的重要组成部分。这是慕容部能够先后建立四燕国、两度控制关东广大地区的重要因素之一。北魏在统一北方过程中,这种结合又得到进一步发展。所以崔、卢、李、郑等汉族士族势力都得到一定发展。在婚姻上,从燕国、北魏、北周皇室到一般鲜卑贵族,与汉族士族联姻已是司空见惯。表明鲜卑贵族与汉族士族完全结为一体。再次,鲜卑贵族自觉地采取了汉化政策,它集中表现在魏孝文帝以法令形式推行汉化,如改穿汉人服装,禁止使用鲜卑语,改复姓为汉族的单姓(如拓跋而为元),并将都城由平城(山西大同)迁至洛阳,南迁的鲜卑人以河南为郡望,死后葬在洛阳等。也许有人认为改姓算不了什么大事,其实不然,《魏书·陆叡传》记载了一个很生动的故事:在魏孝文帝未改汉姓前,东徐州刺史博陵崔鉴把女儿嫁给了鲜卑贵族陆叡后,很不满意地对亲信说:陆叡"才度不恶,但恨其姓名殊为重复"。陆叡鲜卑姓为伏鹿孤,鲜卑名为贺鹿浑,姓名合为六字,这与当时汉族姓名多为二字相比,相差太大,而且"鹿"字在姓名中重出。可见这种形式上的差别,在一定程度上也妨碍民族间的友好关系。魏孝文帝的这种改革,实际上就是强制性地使鲜卑人彻底汉化,这在"入主中原"的古代民族中是独一无二的。很显然,魏孝文帝这样做完全是政治上的需要,但在客观上大大加速了北方各民族融合的进程,它不仅表现在统治阶级之间,也表现在各族广大人民之间。所以高度地评价魏孝文帝,肯定他在中国古代史上所占的崇高地位,是非常正确的。

鲜卑贵族进入中原后,一反魏晋以来士族集团的颓靡之风,给北方社会带来了朝气,为缔造中国文明的历史做出了杰出贡献。在典章制度上,北魏孝文帝时期推行的均田制,西魏宇文泰推行的府兵制,不仅为恢复和发展当时的社会生产、加强军事力量起了一定

作用,同时这两种制度一直沿袭到唐代中期,对隋、唐的繁荣和强盛也起了一定作用。在文化上,不论慕容氏还是拓跋氏、宇文氏,他们都尊崇儒学,排斥魏晋以来风靡于上层社会的玄学,从而在意识形态上形成了南北截然不同的风格。正由于这种种原因,北方社会的经济得到一定发展,所以北魏末年才出现了《齐民要术》这部不朽的农业科学著作。同时,北方经济的发展与军事力量的增强,为全国重新走上统一创造了条件,隋文帝完成灭陈统一全国的事业,只不过是水到渠成、瓜熟蒂落罢了。

公元 581 年,杨坚代周建隋后,鲜卑不论作为政治实体还是民族实体已不复存在了,他们差不多完全融合到汉族之中,成为汉族的新鲜血液。但他们的后裔在隋唐社会依然占有很重要地位。众所周知,隋、唐建国者的祖先都起家于北魏军事重镇武川(内蒙古武川县附近),实际上他们是鲜卑化了的汉人,饶有趣味的是,隋文帝独孤皇后、唐高祖母独孤氏、唐高祖妻窦氏、唐太宗长孙皇后都是鲜卑人,所以隋炀帝、唐高祖、唐太宗、唐高宗都是混血儿;而隋文帝独孤皇后、唐高祖母独孤氏都是北周大官僚独孤信之女,因此隋炀帝与唐高祖还是姨表兄弟呢。这种姻媾关系,不仅表明了北朝时期民族融合的深度,也说明鲜卑人后裔在隋唐社会必然占有很重要地位。这一点隋代历史表现得尤为突出,当杨坚取代北周前夕,北周宗室宇文招企图诱杀他,在鲜卑人元胄的护卫下,才得以脱险;杨广弑父篡位,鲜卑人宇文述功劳极大;而隋末在江都杀死炀帝的又正是宇文述的两个儿子宇文化及、宇文智及,这一切决不是历史的偶然性,正反映了鲜卑后裔在隋代政治生活中的强有力的地位。纵观隋唐两朝,鲜卑后裔做宰相者达二十余人,至于中央六部的尚书、侍郎,地方上的都督、刺史,不胜枚举,其中隋代大建筑家宇文恺、《切韵》作者陆法言,唐初权相长孙无忌、中唐诗坛上的名星元稹等都是我国古代史上著名人物。由此可见,鲜卑人在我国历史上所占的地位以及他们在缔造我国古代灿烂的物质文明和精神文明所做出的贡献是永载史册的。

当然,鲜卑与东汉、曹魏所进行的无休止的战争,"十六国"时期的混战,对北方社会经济起了一定的破坏作用,给那里的人民带来一定灾难;北魏后期,鲜卑贵族也十分腐朽,加重了对各族人民的剥削与压迫;北朝各国也不同程度地存在着民族压迫,等等。但这些与他们所做出的贡献相比,又是微不足道的。

柔　然

邱久荣

柔然是本民族自称，史谓：柔然始祖"木骨闾死，子车鹿会雄健，始有部众，自号柔然"。柔然亦写作芮芮、茹茹、蠕蠕、蝚蠕，其中蠕蠕一名乃是北魏太武帝拓跋焘对柔然侮辱之词。

柔然如同乌桓、鲜卑一样，属古代东胡民族系统，与鲜卑同源。柔然可汗阿那瓌逃亡于北魏时，曾向孝明帝元诩说："臣先世源由出于大魏。"文献上称柔然为"匈奴别种"、"塞外杂胡"，或径称为"獟狁"、"匈奴"、"胡"，这些只不过是中原人对柔然的泛称罢了。传说三世纪末柔然始祖木骨闾为鲜卑拓跋部的奴隶，木骨闾与郁久闾声相近，故子孙以郁久闾为氏(凡南入北魏者，孝文帝太和十九年以后均改为单姓闾)。

四世纪初，木骨闾子车鹿会"始有部众"，"为部帅"，附属于拓跋部建立的代国，每年向代贡献马畜、貂豽皮。此时柔然还处在氏族公社末期，过着逐水草以居的游牧生活，"冬则徙度漠南，夏则还居漠北"(所谓"漠"，即是蒙古大沙漠，亦称大碛，在今蒙古南部境内)。无城郭,居穹庐毡帐。无文字,以羊粪记兵数,后刻木以记事。

四世纪末,在车鹿会后裔社仑的领导下,渡漠北,征服了高车诸部,建牙庭于弱洛水(今甘肃西部弱水)畔。他们学习中原地区的军事制度,以千人为军,军置将一人;万人为幢,幢置帅一人;作战先登者赏以俘获物,退却者以石击杀之,或随时捶挞。后又征服"匈奴余种",所控制地域,"西则焉耆(今新疆焉耆县)之北,东则朝鲜故地(当指今辽河中上游)之西","北则渡沙漠,穷瀚海(今贝加尔湖),南则临大碛"。他们无都城之设,常会庭于敦煌、张掖(今甘肃敦煌、张掖)之北。公元402年(北魏天兴五年),社仑自号丘豆伐可汗。"丘豆伐"乃驾驭开张之意,"可汗"犹如中原王朝皇帝。"可汗"本是鲜卑人对贵人的尊称,而以它作为最高统治者的称号,则自柔然酋长社仑始,后世突厥、回鹘、蒙古等民族皆沿袭之。至此,柔然建立了国家,并成为继匈奴、鲜卑之后控制我国北方大草原的强大民族。

自社仑建立柔然汗国至公元555年邓叔子亡国为止,柔然汗国共存在一百五十余年,这期间正是十六国末期至南北朝末期。当柔然兴起的时候,曾遭到北魏的多次进攻,北魏成为柔然南下的强大劲敌,所以柔然的历史与北朝密切联系在一起,也与当时全国总的政治形势联系在一起。为了牵掣北魏,柔然先后与西方的后秦(384—417)、东方的北燕(407—436)和亲,赠送马匹等;并绕道经吐谷浑(今青海地区)、益州(今四川)至建康(今南京市),先后与南朝的宋(420—479)、齐(479—502)、梁(502—557)通好。这些活动对柔然统治者来说,固然是政治上的需要;但是它也表明,在当时政权林立的中国,有一条无形的纽带,把南北方有机地联系在一起。

　　柔然主要从事游牧经济。一般是"夏则散众放畜,秋肥乃聚;背寒向湿,南来寇抄",也就是说,春夏季天气温暖之时,分散于漠北放牧;到了秋天,牲畜肥壮,结聚向漠南放牧,并掠夺他们所需要的粮食和其他财物。所以柔然与它的南邻北魏之间的战争是经常性的,当然,其间也有休战,柔然也曾臣服于北魏或与北魏和亲。柔然兴起时,北魏正致力于统一北方,当时不可能全力以赴征讨柔然。柔然可汗大檀时,曾多次率兵南下攻北魏。公元424年(北魏始光元年),大檀率六万骑人北魏境,攻陷北魏旧都盛乐宫(今内蒙古和林格尔),并威胁了北魏都城平城(今山西大同市)。北魏太武帝亲自率兵抵御,被大檀兵围五十余重,后因救兵至才解围。北魏为了防御柔然南下,曾于公元423年(北魏太常八年)修筑了东起赤城(今河北赤城)、西至五原(今内蒙古包头西北)的长城(以后东、西魏所修的长城也是为了防御柔然的);并先后在北部军事要地由西而东设置了沃野(今内蒙古五原北)、怀朔(今内蒙古固阳西南)、武川(今内蒙古武川西土城)、抚冥(今内蒙古四子王旗东南土城子)、柔玄(今内蒙古兴和台基庙东北)、怀荒(今河北张北县境)等军镇,号称六镇,派重兵戍守,以拱卫都城平城。当然,防御只是北魏对付柔然的一个方面,在北魏南下时,也曾多次北讨柔然,其中太武帝就七次分兵北上击柔然。公元429年(北魏神䴥二年),太武帝率兵一直打到栗水(今克鲁伦河),大获全胜。柔然可汗大檀兵败西逃,部落四散,牲畜布野。太武帝又沿栗水西进,分兵追击大檀,北过燕然山(今蒙古杭爱山)。这次战争使柔然势力一度衰弱,原役属于柔然的西方高车诸部相继叛离,同时还有三十余万户柔然人投降了北魏。后来北魏文成帝、献文帝,也都曾亲征柔然。其中470年(北魏皇兴四年),北魏再一次大败柔然,斩首五万级,降者万余人。自此以后，柔然与北魏基本上处于和平相处阶段，屡屡遣使者朝北魏，并趁机向西发展势力，达到了高昌、于阗等地。六世纪初，柔然统治阶级发生内讧，可汗阿那瓌逃入北魏，不久在北魏支持下，阿那瓌恢复了统治地位。公元523年(北魏正光四年)，北魏沃野镇破六韩拔陵起义，阿那瓌应北魏要求，于525年(北魏孝昌元年)率十万大军南下镇压了这次起义。由于六镇起义的打击，以及此后尔朱荣攻入洛阳而引起的纷乱政治局面，北魏日趋衰弱，柔然的势力乘机得到了恢复和发展。公元534年，北魏分裂为东、西魏，东、西魏均试图联合强大的柔然，以打击对方。因此，柔然乘机南下，东部深入到东魏的易水，西部达到西魏的原州(今宁夏固原)。但是，就在柔然势力向南发展的时候，为其役属的突厥，于金山(今阿尔泰山)兴起了。公元546年(西魏大统十二年)，突厥在土门的领导下，打败高车诸部，并恃强求婚于柔然。柔然贵族认为，这无异是奴隶向主人求婚，视为奇耻大辱。阿那瓌可汗震怒之下，遣使者辱骂土门说："尔是我锻奴，何敢发是言也!"于是土门杀死了柔然使者，断绝了与柔然的依附关系。公元552年(西魏废帝元年)，阿那瓌于怀荒镇北被土门击败自杀，余部立其叔邓叔子为可汗。555年(西魏恭帝二年)，邓叔子被突厥木杆可汗击败，率千余家逃入西魏，余众展转西迁，柔然汗国遂亡。

柔然汗国亡后，西迁的柔然人最终迁到何处？目前中外史家一般认为，六世纪末出现在多瑙河以北的阿瓦尔人(Avars)，就是西迁的柔然人。当时他们统治着匈牙利平原东部的斯拉夫部族，是拜占庭王朝(东罗马帝国)的北方劲敌。留居漠北的柔然人亦当不在少数，他们后来融合到突厥民族之中。还有一部分柔然人降附北魏，其中有的还有很高的社会地位。《魏书》有闾大肥、闾毗传，此二

人皆为柔然贵族,有大功于北魏,所以进爵为王。闾毗妹为太武帝皇后,生文成帝拓跋濬。他们如同鲜卑人一样,和汉族融合了。

柔然没有自己的文字,但是他们在与北朝频繁的交往过程中,接受了汉族的文化。《宋书·索虏传》记载:"其后渐知书契,至今颇有学者。"所谓知书契,乃是指汉文。《南齐书·芮芮虏传》记载:柔然国相希利垔"解星算数术,通胡、汉语"。后期,柔然还专门设立了"掌文墨"的官员,表明柔然官方已经开始使用汉文,汉文在柔然汗国中当已广为流行。另外,佛教也由内地传到了北方大草原。《大藏经·释法瑷传》记载:"释法瑷,姓辛,陇西人,辛毗之后……第二兄法爱亦为沙门,解经论兼数术,为茹茹国师,俸以三千户。"法瑷为南朝宋、齐之际人,其兄法爱亦当此时人。法爱既为柔然国师,就表明佛教在柔然是非常盛行的,并被奉为国教。值得注意的是,还有不少汉人来到了北方大草原,他们把内地的先进文化传到了柔然汗国,释法爱就是典型一例。另外阿那瓌时,齐(今山东)人淳于覃在柔然官至秘书监黄门郎,"掌其文墨"。至于北朝北部边疆的人民不堪北朝腐朽统治,北逃依附柔然的亦当不少。

在我国,柔然民族早已消声匿迹了,但他们在历史上曾控制我国北方大草原一百五十余年,对当时全国的政治形势产生了极大影响,他们的兴亡史是我国历史不可分割的一部分;同时,柔然与北朝的频繁来往和接触,中原地区先进的政治、经济、文化传到了蒙古大草原,对这一地区过着游牧生活的各个民族产生了极深远的影响。因此,柔然在我国历史上占据着不可磨灭的一页。

契　丹

李　桂　枝

契丹是一个古老的民族，它在我国历史舞台上活跃了十个世纪之久。

相传很早以前，有一男子乘白马浮土河(老哈河)而东，一妇人乘小车驾青牛沿潢水(西喇木伦河)而下，两人遇于二水合流处的木叶山，遂结为夫妇，生子八人，分为八部。这个故事也许说明：原始契丹人中包含有两个不同氏族，它们分别以白马和青牛为图腾，并互通婚姻，或者暗示我们，契丹民族是经过辗转迁徙才到达这里，是融合了其他部族成分才形成的。按文献记载，契丹是鲜卑宇文部的后裔，宇文部中又曾融合了部分匈奴人。魏晋时期，鲜卑三大部——宇文部、慕容部、段部在西喇木伦河一带鼎足而居。后宇文部被慕容部击败，其首领北走大漠，残部便分为契丹和奚两部分。

"契丹"是本族人的自称，意为镔铁或刀剑。"契丹"一词和有关契丹人的记载，最早见于《魏书》的《契丹传》。北魏太武帝时，他们

每年都以名马入贡,并在和龙(辽宁朝阳)、密云等地进行互市。唐初,契丹社会的第一个部落联盟出现了。它的建立者是纥便部的大贺氏家族。联盟由八部组成,首领称可汗,八部酋长称大人。唐太宗时,大贺氏联盟归附了唐朝。唐在契丹驻地置松漠都督府,以联盟首领为都督,赐姓李氏;在八部驻地置州,以其酋长为刺史。大贺氏曾多次向唐朝请婚,唐玄宗先后将宗室外甥女三人封为公主,嫁给契丹首领。玄宗开元末年,大贺氏联盟瓦解,乙室活部的遥辇家族重建了部落联盟。这时,生产有了较大发展,冶铁技术和农业出现了,贫富分化加剧,契丹的原始社会开始瓦解。联盟首领权力扩大了,任期延长了,国家已在孕育之中。十世纪初,遥辇联盟首领在对外战争中常常失利,激起了八部大人的不满。907年,迭剌部世里(耶律)家族的阿保机被推举为联盟首领,契丹社会出现了新的转机。

耶律阿保机是一位杰出的首领,他武艺高强,谋略过人,曾任遥辇联盟的国相——军事统帅。他常常以精锐的骑兵骚扰中原,掠夺汉地人口财富,又曾率兵攻打周围各部族,迫使他们臣服。连年的掠夺战争养肥了部落显贵,壮大了他们的实力。契丹社会的阶级对立和新旧势力的斗争加剧了,国家的出现已是大势所趋。从907年到915年,阿保机以"中原天子无受代者"为理由,担任联盟首领九年,拒不交出权力。916年,他与诸部大人宴会,设伏消灭了反对派,建国称帝,自号天皇王,封妻述律氏为地皇后,长子突欲(汉名倍)为太子,建元神册,国号大契丹。阿保机死后,次子德光继位,从后晋石敬瑭手中取得了燕云十六州,国力大增,947年,改国号为辽。

辽国的主要经济部门是畜牧业。契丹人民"畜牧畋(tián,同田)

渔以食,皮毛为衣,转徙随时,车马为家",牲畜是他们的主要财产。辽国强盛时期,经营管理得当,畜产蕃息,兵强马壮。经营方式是游牧,草场公有,牧群私有,皇家另有牧群,设官管理。牲畜中羊马为多,牛驼次之。马匹蹄毛不剪,任其遂性滋生。在汉人看来,契丹马不符合相马法的要求,但驱策使用,却可以终日驰骤而力不困乏。

契丹人也兼营农业和手工业,他们制造的马具为汉人所喜爱,号称"天下第一"。

辽统治者对境内各民族实行随俗而治的办法。用契丹社会的传统方式和法律治理契丹和其他少数民族,以汉法治理汉人。辽国中央设北面官管理宫帐、部族和属国之政,设南面官治汉人州县、租赋和军马之事。辽的都城是西喇木伦河畔的上京临潢府(今内蒙昭盟巴林左旗的林东镇),同时又设东京(今辽阳),南京(今北京),西京(今大同)和中京(今宁城),分别治理东北、燕云、西北等地。五京之外,四时捺钵(nà bō)在辽国政治生活中也占有重要地位。"捺钵"是契丹语,原意为帐篷。四时就是四季。辽帝每年春夏秋冬四季都要到不同地区去"巡幸",契丹人把辽帝"巡幸"的所在也称为"捺钵",带有"行宫"、"行在所"之意。皇帝出巡,除必要的留守官员外,文武百官皆须从行,于是政治中心也就随着皇帝的行踪转移。

春捺钵在混同江、长春州一带(今洮儿河、嫩江、松花江、第二松花江会合处周围地区)。主要活动是钩鱼、捕鹅。这是独具一格的传统渔猎活动。早春,江河尚未解冻,他们在冰上搭起帐幕,凿冰透气,以火照明。在冰下生活一冬的"牛鱼"(头似牛头的一种大鱼)向通气透光的冰洞聚集,捕鱼者便放钩钩取。及至江河解冻,鹅雁相继下水,捕鹅活动就开始了。捕鹅者身穿墨绿色的衣服,带着锤、锥等捕鹅工具和鹰食,在湖泊周围排开,每隔五七步即有一人。发现

鹅雁便举旗示意，然后万鼓齐鸣将鹅雁惊起。猎人们挥动旗帜驱赶，皇帝放出名鹰"海东青"追逐。当鹅雁气力不支，被海东青追捕坠地后，猎人用锥刺鹅头，取鹅脑饲鹰。捕得第一只鹅，便举行"头鹅宴"，群臣献果酒祝贺。钩得第一尾鱼，亦举行"头鱼宴"。皇帝到春捺钵后，周围千里之内的部族酋长都要前来朝见，因而春捺钵的活动也包括安抚、笼络、控制边疆各部族的政治内容。

七月以后，皇帝与诸臣又到秋捺钵(临潢西南的伏虎林)射虎捕鹿，契丹猎人利用野鹿半夜到湖边饮盐水的习性，在湖边吹角效鹿鸣，将鹿呼集到一起，然后射猎。他们将这种狩猎方式称为"呼鹿"、"舐碱鹿"。

夏天皇帝到临潢西北的炭山、永安山、兔儿山一带避暑，冬天到广平淀(老哈河、西喇木伦河会合处)坐冬。夏冬捺钵以政治活动为主，皇帝与臣僚议国事，间或也接见邻国使臣，闲暇时则校猎讲武。

契丹人住毡帐，门东向开。建国前无文字，建国后先后仿照汉字、回鹘字创制了契丹大、小字。契丹字不仅是辽代的官方通用文字，而且金代、元初仍在使用，通行了三百年之久。契丹人信萨满教，这是一种原始的多神信仰。在契丹人心目中，占最高地位的神是天神(乘白马泛土河的男子)和地祇(乘青牛车沿潢水而东的妇人)。随着封建因素的增长，与外界联系的加强，佛教、道教也渐兴盛。佛教更受到统治者的保护与提倡，辽代寺庙僧尼广有财产，是剥削阶级的一部分。

辽国的鼎盛时期是圣宗在位时。这种繁荣局面的出现固然是契丹等各族人民辛勤劳动的结果，同时也与圣宗及其母萧氏的政治才干密切相关。萧氏名绰，是景宗皇后，圣宗生母。她是辽国继阿保机之后的又一个有作为的统治者。景宗多病,萧绰临朝参政,刑赏政令,用兵征讨,都可自作主张。圣宗年幼继位,萧绰又以太后身份临朝称制,她选用汉臣,发展生产,解放奴隶,轻徭薄赋,惩治贪官,巩固封建秩序,改善与周围各族的关系。宋辽澶(chán)渊之战,萧绰身临战阵,指挥三军。在折损大将萧挞凛的情况下,听取臣僚建议,毅然结束战争,与宋签订了"澶渊之盟"。此后,辽宋双方维持了百年之久的和平局面。这对双方社会秩序的稳定、生产的恢复和发展,对汉、契丹等各族人民生命的安全和财产的保障,都具有一定的意义。萧绰死后,圣宗耶律隆绪继续执行母后的政策,开创了有辽一代的太平盛世。

辽被女真族建立的金灭亡后,契丹文臣武将仕于金者,大有人在。他们在沟通女真、契丹、汉和其他各族人民的交往联系方面,作出了值得称道的贡献。直到元朝,一些契丹族将领和士人也还起过关键性的作用。阿保机的八世孙耶律履是金朝士大夫中颇有影响的人物,其子耶律楚材则是元初杰出的政治家。

契丹民族生活的地区四通八达,北有室韦,西北有蒙古各部,西有奚、回鹘,西南有党项,南临汉地,东有女真,这些民族与部族,或与辽为对等之国,或为其属国,或直接受其统治,他们都与契丹人民有着密切的联系,因而各族或直接或间接保持了经济文化交流。辽上京有汉城和回鹘营,商业活动繁盛。西域的西瓜便是先传入契丹,后转而传入汉区的。我们在炎热的夏天享受这种甜美多汁的消暑佳品时,切不可忘记契丹民族的这份功劳。

游牧经济为契丹人民的迁徙提供了方便。辽末,林牙(掌文墨的官,相当于汉官的翰林)耶律大石奋起抗金,失利后团结西北各部族迁至中亚,在虎思斡耳朵(前苏联境内的托克马克)建立西辽,

传五主，享国近百年。在今天的中亚人民中，融合有契丹成份，是确定无疑的。元灭金后，契丹、女真和北方汉族统统被称为汉人，契丹人在与蒙汉等各族人民长期的共同生活中，逐渐成为蒙古、汉和北方其他少数民族中的一部分。今天，契丹作为一个民族是不复存在了，但它对祖国历史的贡献是不会泯灭的。

靺鞨与渤海

严圣钦

我国自古以来就是一个多民族的国家。在东北这个富饶的土地上,历史上就曾有过许多少数民族兴起和消失。满族的先世——靺鞨人,就是其中之一。

靺鞨在周秦以前,称"肃慎",亦称"息慎"或"稷慎",与东胡(指乌桓、鲜卑二部)、扶余族是古代东北的三大民族。肃慎主要分布在今长白山以北,松花江中上游和牡丹江流域的广大地区。传说在禹定九州时,周边各族各以其方物来贡献,其中包括"东北夷"的"息慎"。周武王时,肃慎人贡献过"楛矢石砮"。这说明远在上古的时候,肃慎人便与中原王朝保持着密切的关系了。

汉、魏、西晋时,肃慎称挹娄。社会发展不平衡,有的部落以畜牧为主,有的过着农业兼营狩猎的生活,有"五谷、牛、马、麻布",并且出现贫富分化,而私有财产受到保护。多数人生活在山间林地,"常穴居,大家深九梯,以深为好"。挹娄人好养猪,吃其肉,穿其皮。曾遭受扶余的压迫和剥削,进行过不断的反抗,到三国初年终于摆

脱了扶余奴隶主的统治,加强了与中原王朝的联系。当时,挹娄各部无大君长,邑落各有大人,还没有出现统一的首领。

南北朝时,挹娄称勿吉。主要居住在松花江、牡丹江两流域及黑龙江中下游,东至日本海,南接高句丽的广大地区。他们"筑成穴居","嚼米酿酒","善射猎,常七八月,造毒药,傅箭镞,射禽兽,中者便死"。勿吉的社会生产有了进一步发展。勿吉向北魏称臣纳贡,或一年数贡,或间岁一贡。北魏孝文帝延兴年间(471—476),曾遣使乙力支朝献,后又贡马五百匹。

勿吉分为很多部落,主要的有七种:粟末部、伯咄部、安车骨部、拂涅部、号室部、黑水部、白山部。邑落各有长,"不相总一"。后来勿吉社会出现了类似部落联盟长的渠帅,叫"大莫弗瞒咄"。公元492年,勿吉灭掉扶余,成为当时在东北地区一支强大的政治势力。

隋、唐时期,勿吉称靺鞨,而其七部名称不变。唐初,仍以勿吉七部名称载入史册。勿吉和靺鞨音同,是不同时期的不同汉字标音。靺鞨人大体以吉林松花江流域为中心,分布在东至日本海,西接突厥,南接高句丽,北邻室韦的广大地区。由于各部所处的自然条件不一样,内部生产力发展水平不同,以及所受外来影响强弱有别,所以靺鞨各部的发展呈现了不平衡状态。粟末部南接经济文化发展的隋、唐与高句丽,因此,其发展水平是比较高的,已进入阶级社会,而黑水部处在最北,距经济文化发展的中原地区和高句丽较远,所以其经济文化还比较落后,还处在原始社会晚期阶段。

当时,靺鞨人还没有建立起一个统一的政权,"各有酋帅,或附于高〔句〕丽,或臣于突厥"。隋、唐时期,东北和朝鲜半岛的形势发生了急剧的变化,是各种政治力量大分化、大改组的时期。这时,靺鞨七部中有些酋长率部内迁。鞣鞨酋长突地稽于隋末率其部千余家内属。隋炀帝授突地稽为金紫光禄大夫、辽西太守。唐高祖时，以其部落置燕州，仍以突地稽为总管。唐太宗因他率所部赴定州参加镇压刘黑闼之役，以功封蓍国公，赐姓李氏，又徙其部落于幽州之昌平城。不久，又因大破来攻幽州的突厥兵，拜右卫将军。突地稽之子李谨行，在唐高宗麟德（664—665）中，历迁营州都督，后来成为在青海反击吐蕃的名将，以功累授镇东大将军、行右卫大将军，封燕国公。这些是鞣鞨酋长来到内地并显声威于朝廷的代表人物。虽然有的鞣鞨酋长率部内迁了，但是七部中的大多数鞣鞨人仍分布在忽汗河（今牡丹江）、粟末水（今北流松花江）、黑水（今黑龙江）流域，南起太白山（今长白山），北达黑龙江口，西接契丹，东至于日本海的广大地区。到唐中宗、玄宗时，鞣鞨七部中粟末部逐渐强大起来，开始统一诸部。

公元 666 年，高句丽发生内乱，唐朝乘机出兵，于 668 年与新罗联合灭亡了高句丽。之后，把一部分高句丽遗民和原附属于高句丽的鞣鞨部落迁徙到营州等地。

696 年，松漠都督契丹人李尽忠，因岁饥无食，加卜营州都督赵文翙骄奢，数侵侮其下，便与归城州刺史孙万荣联合杀掉赵文翙举行起义。起义军很快发展到几万人。唐朝先后派遣曹仁师、张玄遇等将领，"倾全国的力量"，率领大军，进行残酷的镇压。参加这次斗争的有契丹人，也有鞣鞨人和高句丽人。

正当李尽忠等起兵反唐，唐朝为镇压起义疲于奔命，而新罗又无力北顾时，粟末鞣鞨酋长大祚荣联合另一鞣鞨首领乞四比羽起兵，统率营州地区鞣鞨人和部分高句丽遗民，东渡辽河，到长白山东北牡丹江上游，建立根据地，屡次打败唐朝的军队。在关键的天

门岭战役中,大败李楷固率领的唐朝军队,于698年(唐武后圣历元年)在今吉林省敦化附近宣告建国,初称振国,亦称震国。

713年,唐朝派崔忻为鸿胪卿,"册拜祚荣为左骁卫员外大将军、渤海郡王,仍以所统为忽汗州,加授忽汗州都督",自是始去靺鞨号,专称渤海。从此,渤海就成为唐朝的一个地方政权。继大祚荣之后,又传了十五主,共历二百二十九年,定都上京龙泉府(今黑龙江省宁安县东京城)。

唐玄宗以后,渤海经常派使臣到长安朝贡,请封号,并按照唐朝的制度建立其政治、经济、军事制度。它又多次派学生到唐朝首都长安太学学习,国内使用汉文,文化发达,当时被誉为"海东盛国"。

国王是王国的最高统治者。渤海人习惯称国王为"可毒夫",对面呼"圣",上奏时称"基下",其命令叫"教"。

国王下面设宣诏、中台、政堂三省来管理国家事务。政堂省下又设忠、仁、义、礼、智、信六部。除了三省六部之外,还设有中正台、殿中寺、宗属寺、太常寺、司宾寺、大农寺、司藏寺、司膳寺、文籍院、胄子监、巷伯局等机构。

为了更好地维持统治阶级的内部秩序和加强对人民的控制,渤海统治阶级制定了严格的等级制度,规定了相应于官衔的服饰制度、勋级制度和爵位制度。"以品为秩,三秩以上服紫,牙笏、金鱼;五秩以上服绯,牙笏、银鱼;六秩、七秩浅绯衣;八秩绿衣,皆木笏"。等级和等级之间,贵族和奴婢之间有严格的区别。国王以大为姓,右姓有高、张、杨、窦、乌、李不过数种,奴婢、部曲无姓者,皆从其主。

渤海把全国划分为五京、十五府、六十二州、一百三十多个县,实行郡县制。府置都督,州置刺史,县置县丞以进行统治。

随着政治、经济、文化发展的需要,为了发展和密切与邻国的关系,渤海王国修筑日本道、新罗道、朝贡道、营州道、契丹道等五条交通要道以通于唐、新罗、日本和契丹。这些交通要道的开辟,不仅密切了与邻国的关系,方便了对外经济文化的交流,而且对王国的政治、经济和文化的发展起了极其重要的作用。

渤海国设左右猛贲、左右熊卫、左右罴卫、南北左右卫来掌管军事。每个卫设大将军、将军各一人。为了抵御外族的入侵,在重要的交通要道上驻扎重兵把守,如在扶余契丹道上常驻劲兵抵御契丹。渤海人素来尚武,因此,男子多智谋而骁勇,有"三人渤海当一虎"之说。国王利用其强大的军事力量,进行统一诸部的战争,到第十代王大仁秀时,完成了统一靺鞨诸部的事业。其版图,南接新罗以尼河为界,东迄日本海,西接契丹,北至黑龙江流域。

在渤海国的历史上,战事比较少,王国基本上处于和平环境之中。这种和平的、安定的政治局面和比较优越的自然条件以及周围环境,对经济文化的发展,提供了非常有利的前提条件。

农业是渤海人的基本的生产活动。渤海国境内到处是平原地带,雨雪充足、河渠交错、气候宜人,尤其适合农业生产的发展。主要农产品有:稻、粟、麦、穄、豆豉等,其中以"卢城之稻"和"栅城之豉"驰名当世。畜牧业以马、猪为主,并以此与中原地区进行交易。

渤海国山林遍布各地,狩猎的场所比比皆是。他们用弓箭等狩猎工具猎取兔、鹿、虎、熊、罴、海豹、貂鼠等,既作生活用品,又作贡品,或作与邻国交易的商品。

渤海国的手工业相当发达,特别是陶器、玛瑙、玳瑁之类,其造型美丽典雅,皆为世人所称道。玛瑙柜制作工艺精巧无比,紫瓷盆

举之则若鸿毛。日本人看过渤海玳瑁酒杯后说:"昔往大唐多观珍宝,未有若此之奇怪。"

经济的发展,带来了文化的繁荣。渤海各族人民在固有文化的基础上,积极吸收中原地区先进文化,创造了绚丽多采的渤海文化。他们设文籍院以储图书,设胄子监以教诸子弟(胄子监即太学)。因此,渤海人"颇知书契",士大夫多擅长文艺。

渤海人使用汉文以后,传写了一部分重要的汉文典籍,如《三国志》、《晋书》、《十六国春秋》等,也出现了不少能文善诗的文人。其中著名的有高元裕、王孝廉、释仁贞、释贞素、杨泰师等。当时出使日本的渤海使臣,每次与日本文人相见都以诗文相赠答。日本《文华秀丽集》收有嵯峨天皇时期渤海使臣王孝廉及释仁贞在日本作的诗。王孝廉《出云州书情寄两敕使》诗云:"南风海路连归思,北雁长天引旅情。赖有锵锵双凤伴,莫愁多日住边亭。"又,释仁贞《七日禁中陪宴》诗云:"入朝贵国惭下客,七日承恩作上宾。更见风声无妓态,风流变动一国春。"这些诗造词工丽,达到了相当高的水平。

至今还保存下来的渤海建筑遗址:八宝琉璃井、上京石灯幢、大石佛、贞惠公主墓碑和石狮等都充分反映了渤海文化发展的水平。

渤海诸王几乎都受唐朝册命与封号,朝贡不绝,先后向唐朝朝贡一百三十二次,向后梁朝贡五次,向后唐朝贡六次,共一百四十三次。每当一国王去世,必须遣使告哀。新国王即位,亦派使臣向唐朝皇帝谢册命,这几乎成了定例。

每当渤海使臣来朝贡时,唐朝照例授予官爵,或赐以大量物资,以示友好和慰其远来之劳。渤海贡品主要的有虎皮、豹皮、貂鼠皮、熊皮、马、海东青、人参、牛黄、麝香、紫瓷盆、玳瑁杯、玛瑙器等。唐所赐物主要的有帛、绢、绵、金银器、锦、彩、粟等。为了方便使臣、学生的来往和商业贸易，唐代宗以后，在青州设立渤海馆以接待渤海使臣和交易船舶。

渤海和唐朝的关系，在文化上表现得尤其密切。唐朝诗人温庭筠在《送渤海王子归国》一诗中写道："疆理虽重海，诗书本一家。盛勋归旧国，佳句在中华。"诗中指出了渤海与中原内地在文化上的一致性，也热情称赞了渤海王子高度的文学修养，表达了对祖国东北边疆渤海人的深情厚谊。这是渤海与祖国内地传统亲密关系的生动而形象的写照。

与此同时，渤海与日本的友好往来，也日益频繁，从而使中日友好关系得到了发展。渤海先后向日本派出使臣三十四次，而日本答聘使也有十三次。有名的渤海乐和唐朝《长庆宣明历》等，都是由渤海使臣传到日本去的，《长庆宣明历》对日本的天文、历法、文化和农业都有很大的影响。

十世纪初，契丹兴起。925年，契丹首领阿保机率军击败渤海军，渤海王投降。第二年，改渤海为东丹国（意即"东契丹国"），改忽汗城（即上京龙泉府）为天福城，封太子倍为东丹王。至此，历经二百二十九年的"海东盛京"渤海国在历史上消失了，但是它在中国历史上的影响却是十分深远的。

女　真

李　桂　枝

　　女真的先民是周秦时的肃慎。汉魏时期称挹娄,南北朝时改称勿吉。隋时,勿吉、靺鞨并称,有大小数十部,而以粟末、黑水二部为强。女真便是黑水靺鞨的后裔。唐玄宗开元年间,黑水靺鞨曾遣人朝贡,唐于其地置黑水府,该府所辖的勃力州址在黑龙江、乌苏里江会合处的伯力(前苏联境内哈巴罗夫斯克)。唐朝政府封黑水部首领为都督、刺史,赐其都督姓李,名献诚。后粟末部所建渤海国势力渐强,黑水部便附属于它。五代十国时期,开始以女真为族名。

　　926 年,契丹首领耶律阿保机灭渤海国,女真又臣属于辽。辽为了有效地控制女真人民,采取分而治之的办法,将女真的强宗大姓数千家移往辽阳一带,编入辽的户籍,设州县,派官吏治理,称之为熟女真。在开原以北者,不入辽籍,由本部酋长统辖,称为生女真。生女真同辽建立了隶属和朝贡关系,他们的首领受辽节度使封号。辽人称节度使为太师,故女真首领皆有太师名号。

　　生女真各部中最强的是完颜部。相传它的始祖名叫函普,来自高丽,寄居完颜部。有一次,完颜部人杀了别部的人,致使两部结怨,争斗不已。部人对函普说:"我部有一贤慧女子,六十岁(一说四十岁)还没有出嫁,你若能为我们排解这场纠纷,使两部不再互相仇杀,我们就把这女子嫁给你,并吸收你为我部的成员。"函普欣然允诺。他找到被杀者的族人,劝解说:"因为杀了一个人,两族仇杀不已,损伤更多。不如只杀凶手一人,让他们再赔偿一些财物,双方不再争斗,你们还可得利。"对方接受了他的意见,于是约定:今后凡有杀人者,其家须以人一口、马十对、母牛十头、黄金六两,赔偿被杀者之家,不得私斗。女真族中杀人偿马、牛三十之制便自此始。事后,完颜部将贤女嫁予函普,生二男一女,函普也就正式成为完颜部人。四传至其重孙绥可,定居于按出虎水(今黑龙江省阿什河),耕垦树艺,筑室以居。绥可子石鲁,立条教以治,部落渐强。其子乌古乃建立了部落联盟,受辽生女真部族节度使之职。此后,部落联盟日益巩固,联盟长皆出自完颜部,并世袭节度使。又五传至阿骨打,女真社会已接近了文明的门槛。阿骨打意气雄豪,对辽的沉重剥削和残酷统治早已心怀不满。随着联盟实力的增强,渐有反辽之意。旧制,辽帝每年春天必到鸭子河、长春州一带(松花江、嫩江合流处附近)钩鱼、捕鹅雁,周围千里之内的部族首领皆来朝会。1112年,辽天祚帝在混同江(即今松花江)钩得第一尾大鱼,照例举行"头鱼宴",适逢阿骨打来朝。酒至半酣,天祚帝命朝会的各部族首领次第起舞助兴,阿骨打独以不能辞。天祚想借此杀之,结果没杀成。第二年阿骨打袭任联盟长,便起兵抗辽,先后在宁江州、出河店(在吉林省扶余县境)大败辽军,1115年称帝,国号金,都上京会宁府(今黑龙江省阿城县白城子)。1125年金灭辽,1127年灭北宋,统治了淮河以北广大地区。

金初的女真人,进入了奴隶制发展阶段。贵族、奴隶主占有奴隶、耕牛和生产工具。土地按牛具多少分配,每三头牛、二十五人为一具,授田四顷四亩,没有牛具者便无权分得土地。女真人壮者皆为兵,平时从事生产,畋(tián)渔射猎,战时自筹装备出征。其社会组织是猛安谋克。每三百人为一谋克,由百夫长(谋克)统帅,十谋克为一猛安,由千夫长(猛安)统帅。猛安谋克也是军事组织和生产单位,兼有行政、军事、生产三种职能。金朝统治者进入中原地区后,为加强对汉人的控制,不断将猛安谋克迁入中原,与汉人交错杂居,这就加强了汉人和女真人的经济、文化联系,加速了女真社会的封建化进程。

然而,女真社会的封建化也并非一帆风顺。在其统治集团内部,新旧两派的斗争表现得异常尖锐和残酷。加之贵族们对皇位的激烈争夺,更使矛盾呈现出错综复杂的情况。一般说来,带兵进入中原的女真贵族,受汉族政治、经济、文化的影响较深,也任用了一些汉族士人,比较倾向改革;而留居上京的贵族们,则极力维持女真旧俗,坚持发展奴隶制,反对任何改革。太宗朝围绕着是否立完颜亶为皇嗣这件事展开了一场激烈的斗争。金朝初无长子继承制,太宗吴乞买(太祖阿骨打之弟)曾任谙班孛极烈(官名,地位仅次于皇帝),得以继承帝位,所以金朝视谙班孛极烈为皇嗣。谁能担任谙班孛极烈呢?改革派宗翰、希尹、宗干、宗辅等,看中了太祖次子宗峻的嫡子完颜亶(即后来的金熙宗)。亶自幼跟随汉文士韩昉学习文化,能诗,会写汉字,喜读《贞观政要》,俨然一汉家子弟。可守旧派反对他,太宗也无意叫这位侄孙继承皇位。宗翰等人排除、镇压了守旧派的阻挠破坏,在太宗面前争之再三,才使完颜亶得任谙班孛极烈。亶继位后,重用改革派,以"汉法"治天下,进行了一系列改革,大大加速了女真社会的封建化进程。宗翰、希尹死后,宗弼(即兀术)就成了改革派的主将。他辅佐熙宗继续进行改革大业。熙宗之后,完颜亮为帝,他继承、巩固和发展了前朝的改革成果,打击守旧势力,把首都迁到中都(今北京),使政治中心移到汉区,摆脱了女真奴隶主的政治影响,加强了金朝的中央集权。完颜亮是女真贵族中第一个把统一全国做为政治目标的人,他的一首诗"万里车书一混同,江南岂有别疆封,提兵百万西湖侧,立马吴山第一峰",便表达了这一理想和抱负。但他操之过急,在政局尚不稳定,经济、军事实力尚不雄厚的情况下,贸然兴兵伐宋,陷入进退维谷的地步,为部众所杀。而由于他的残暴,在历史记载上,至今还只留恶名。经金熙宗、完颜亮(史称海陵王)两朝,除松花江下游、牡丹江流域一带的部分女真人以及边远地区的部族仍在渔猎和半农半猎的方式下缓慢发展外,女真人基本上进入封建制发展阶段。其中移居汉地的女真人,经金、元两代与汉人杂居共处,已与汉人无异。1234 年金亡之后,便自然同化于汉、蒙古等民族之中了。

元代,在女真人居地设军民万户府,以其首领统辖;明代,女真人分为建州、海西和东海(野人)三部。明末,建州女真首领努尔哈赤统一了女真各部,1616 年建立"后金"政权。1635 年,他的继承人皇太极下令禁止用"女真"这一族名,正式定族名为"满洲"。至此,"女真"这一名称便完成了它的历史使命。而女真的后裔,则以新的人们共同体——"满族"这一新面貌出现于我国的历史舞台。

金代的女真人,同国内其他民族尤其是契丹人接触频繁,交往密切,在生产、生活和风俗习惯上受契丹影响很大,当然也保留着它本身的若干特点。

他们居住的房屋依山谷而筑,屋基掘入地下,以木为栅,地面

部分高数尺。屋顶无瓦,用木板或桦树皮覆盖,或以草整齐铺苫为顶。可保暖,也能防雨。门皆东向开。室内北、西、南用土坯砌成炕,与灶相通,烟火从其下通过,炕即温热,寝食起居于其上。宋人称之为"土床"。现在我国北方一些居民使用的"炕",便源出于此。女真人从事渔猎,也从事农业,他们以糜酿酒,以豆作酱,以半生米为饭,饭用生狗血、葱、韭菜等拌和而食。食具无碗筷,用木盆盛粥,用餐者围盆而坐,用长柄小木杓轮流舀食;或用木盘盛饭,木盆盛汤,以生鱼、生肉佐餐,间或也吃烧肉。有宾客至,邻人不请自来,与客人共坐同食,主人侍立招待。客人食罢才请主人就坐。饮酒无节制,待醉倒或逃归为止。醉后须以绳捆缚其手脚,否则便可能杀人,即使亲人父母也不能分辨。建国之初,尊卑界限不严,邻里宴请宾客,皇帝也一样参加,杂坐其间。后来,与契丹、汉人接触渐多,尊卑界限、等级观念便逐渐形成了。他们用金、银做耳环,用布缝制衣服,喜穿白色短衣,左衽。妇女辫发盘髻,男子留颅后发,辫结后以色丝系之,垂于脑后。富者以珠玉为饰,衣料为细布、貂鼠、青鼠、狐貉之皮。贫者则以牛、马、猪、猫、狗、鱼皮为衣。

女真人曾实行氏族外婚制,并实行收继婚制,到金代仍保留其若干残余。夫死不令寡妇归宗,其兄、弟、侄、庶子皆可娶其为妻,故一男子可有数妻。女真旧俗,多指腹为婚,及至成人,即使地位相差悬殊,也不能翻悔。纳聘礼时,女婿及其亲属以车载酒馔,少者十余车,多者百余车,前往女家。席间,男女分开入座,先以金、银杯(贫者以木杯)酌饮。然后进茶食(以糯米粉、松子、胡桃肉等煎炸和蜜渍而成的糕点),女方亲属无论长幼皆坐炕上,男方亲戚罗拜于其下,称为"男下女"。礼毕,女婿牵马为聘礼,少者十匹,多者百匹。由女方亲属中识马者挑选,中意则留,不中意退回,男方以留马少为耻。其后,女家视留马多少回礼,通常是收下一匹马回报一套衣服。既成婚,女婿留在女家,参加劳动如同仆隶,三年后方可携妻归家,女家以奴婢、马牛相赠。家贫者,女子成年后,行歌于途,自叙家世和本人品德、容貌、技艺等,表达求侣的愿望。如有未婚男子看中,便同归男家,然后筹备礼品,回女家拜见父母,称为拜门。

女真人信萨满教。这是一种原始的多神信仰,疾病无医药,由萨满跳神驱鬼,杀猪、狗以禳(ráng,迷信的人祈祷消除灾祸)。或者用车载病人,到深山大谷去躲避。人死多行土葬,无棺椁,富贵者以人、马殉葬。送葬时,亲人跪地而哭,以小刀划破脸、额,血泪交下,称为"送血泪"。然后再互相劝慰,饮酒舞蹈,极欢而散。送葬和祭祀祖先,同契丹一样,有"烧饭"之俗。其制用盆盛酒食,或置于专门筑起的高台上,或置于葬所,然后焚烧。他们相信,所烧的酒食能为死者所享。

每逢端午、中元和重九三节,女真人都举行拜天仪式。先期削木为盘,状如船,涂以红色,绘制云鹤文图案。至期,以盘盛食物,放在一个高五六尺的架上,举族环拜其下,即为拜天之礼。然后,举行击球、射柳等文娱活动。击球又称击鞠、骑鞠。参加者分为两队,骑马、持木棍。棍长数尺,下端弯曲如偃月。两队共击一木制小球,以将球击进球门入网为胜。射柳是男女老少凡能骑马者皆可参加的活动。先于球场插柳枝两行,各人选择一枝并以标志相区别,在柳枝离地面数寸处,刮去树木显露白色木质,做为弓箭射击之的。然后次第骑马射柳。能射断柳枝并接枝在手,为优胜。断而不能接者次之。中而不断、断其青处或不能中者,为负。此俗也来自契丹,方式大同小异。

女真人从契丹人那里继承的又一习俗为"放偷",亦称"纵偷"。

平时,女真人治盗极严,但正月十六日却大开其禁,放偷一天以为娱乐。所偷物件上自车、马、珍宝,下至锄、铲、箕、帚。至期各家皆严加戒备,发现偷盗者,只能客客气气地把他打发走。有些妇女,堂而皇之到人家里作客,乘主人出门迎送之机,令侍婢偷盗壶、盘、杯、碗等用具。更有甚者,人也在可偷之列。青年男子先与其所爱女子相约,至放偷日窃归其家,女子愿留,便可结为夫妇。这种风俗早在辽代就传入了,到了金代还颇为流行。

女真人同契丹人、汉人等共同继承和发展了中华民族的文化,丰富了我国的文化宝库。女真原无文字,阿骨打建国之前,往来文书用契丹字。建国后,完颜希尹参考契丹字、汉字,创制女真文字,发展了女真的民族文化,也便于与外部的往来交流。女真人会汉字的人也多起来,且不乏诗文作者,金章宗及其父允恭都爱好文学,善作诗;其堂兄弟密国公完颜璹博学多才,工书善诗,与当时文士往来唱酬,名重一时,手删其诗成集,名《如庵小稿》。金代在唐宋以来说唱文学和诗词的基础上,又创造了新的艺术形式——诸宫调。它以不同的曲调,不同的节拍,配以诗词,演唱一个完整的故事,为元代杂剧的产生奠定了基础,也是戏剧这一艺术形式的雏型。在建筑上,至今仍雄踞于永定河上的卢沟桥,为金章宗明昌年间(1190—1195)所建,它代表了金代桥梁建筑的水平;其左右石栏上雕刻的数百只石狮,造型生动,形态各异,至今仍吸引着中外游人。具有中国园林特点的北海公园,也是金代开始修建的。金世宗时,利用永定河故道,开挖海子,称太液池;堆土石于东岸,成琼华岛;岛上建广寒殿。又栽植花草树木,为皇帝的离宫。此后,太液秋风、琼岛春阴和卢沟晓月成为燕京八景的重要组成部分而闻名全国。

满族之今昔

王 钟 翰

满族是我国东北的一个历史悠久的少数民族，他们既善于学习又善于创造，在清代近三百年中起过重要作用。据 1978 年统计，满族人口约有二百六十五万人，居住在辽宁省的占一半以上。

一

满族历史有悠久的渊源。二千多年前的肃慎，是最早见于先秦古籍的我国东北地区的居民之一，也是满族的原始先民。他们生活在黑龙江和乌苏里江流域的广阔地区，南接长白山、东滨大海。在传说中的舜、禹时代，就和中原地区发生了交往。西周武王时(公元前 11 世纪)，肃慎人贡献过"楛矢石砮"，成王时作"贿息慎(即肃慎)之命"，康王时，肃慎复至。《左传》记载，"肃慎、燕、亳"为周朝的北土。这就充分说明肃慎人从很早以来就和中原地区交往频繁了。

战国以后，肃慎人改称挹娄(一说挹娄为另一部落)，活动地区

略有扩大。挹娄人的原始农业、畜牧业和手工业都有所发展,他们也用"楛矢石砮"猎取野兽,狩猎业仍占重要地位。三国以后,挹娄人屡次来贡"楛矢石砮",直接臣服于中原王朝。"挹娄貂"在三国时成为中原社会上的御寒珍品。

南北朝、隋唐时期(4世纪至7世纪),肃慎、挹娄的后裔,相继以勿吉、靺鞨的名称出现,人口发展,多达数十个部落,后来发展为七部。唐初,以居住在今松花江流域的粟末靺鞨为主体,建立起渤海国,政治、军事制度均仿唐制,使用汉字。国王嗣位,皆受唐封,贡使频繁,关系密切。

唐开元十三年(725),唐朝在黑水靺鞨地区(今黑龙江)置黑水军,继设黑水府,分别授与黑水靺鞨各部首领都督、刺史等官,赐姓李氏,并"置长史监之",以云麾将军领黑水经略使,成为唐朝在黑龙江流域设置的直属地方机构。当渤海强盛时,部分黑水靺鞨人为其役属。辽灭渤海后,黑水靺鞨人随渤海部民南迁,逐渐取代渤海而兴。黑水靺鞨之改称"女真",是由契丹人对他们的称呼而来。

宋、辽时期(11、12世纪),以完颜部为核心的女真人,在首领阿骨打的领导下,建立了金国政权,灭辽后,成为与南宋并立的王朝。大量女真人进入中原地区后,与汉族自然融合了。仍留住在东北边区的各部女真人,仍然过着无市井城郭,逐水草而居的渔猎生活。

14世纪后期,明朝在女真人居住的地区(北起外兴安岭,东及于海以至库页岛,西南包括黑、吉两省地方),先后建立了三百八十四个卫、所。同时,在奴儿干卫女真首领忽剌冬奴等人的请求下,明朝于黑龙江下游的特林地方(元代奴儿哥征东元帅府故址)设奴儿干都司。这些卫、所和奴儿干都司成为直属明朝的地方行政军事机构,进一步加强了中原与东北地区的经济、文化交流。

由于女真社会生产的发展和各部间掠夺争战的不断发生,女真人逐渐南迁。建州女真各部迁至抚顺以东,以浑河流域为中心,东达长白山东麓和北麓,南抵鸭绿江边。海西女真南迁后,分布于开原境外辉发河流域,北至松花江中游大转弯处。东海女真(旧称野人女真)散处于建州、海西两部以东和以北的广大地区,大体上在松花江中游以下,迄于黑龙江和乌苏里江流域,东达海岸。建州、海西两部以农业为主,经济发展较为先进,东海女真发展则比较缓慢。满族就是在明后期女真诸部的基础上形成的。

综上所述,从肃慎以下各部发展演变而为满族,不难看出,肃慎的历代后裔和满族是既有关联又不能等同,不应该把肃慎、挹娄、勿吉、靺鞨(渤海国)、女真(金王朝)的发展过程作为满族本身的发展过程;但是,在满族史中如果把肃慎以下迄明代女真的世代相承的联系与满族割裂开来,也是不能正确反映满族悠久的历史渊源的。

二

女真各部统一事业是由建州左卫的首领努尔哈赤完成的。努尔哈赤(1559—1626)姓爱新觉罗氏,出身于奴隶主家庭,于万历十一年(1583)被明朝封为都指挥使,后晋封为都督金事、龙虎将军。努尔哈赤少年时代,经常来往于抚顺马市上,又曾多次到过北京,受汉族文化影响较深,具有卓越的军事和政治才能。努尔哈赤二十五岁起兵以后,首先把东至海滨、西达开原、北抵嫩江、南至鸭绿江流域分散的女真各部统一起来。嗣后,努尔哈赤称帝,建立后金国政权,建元天命,他死后被追谥为清太祖,成为清王朝的创始人和

奠基者。

在努尔哈赤及其子清太宗皇太极在位期间，先后采取了编制八旗、"计丁授田"及"分屯别居"等措施，在汉族封建经济、文化的影响下，使满族社会由奴隶制急剧向封建制转化。

天聪九年(1635)，正式改"诸申"(女真)为满洲，翌年(1636)，又改国号为"大清"。从此，"满洲"这一称呼代替了"女真"。顺治元年(1644)，清军入关，统一全国。一开始，满族贵族在京畿一带虽曾扩大农奴制生产方式，进行了三次大规模的"圈地"，并强制推行了剃发、易服、投充和逃人法等民族压迫政策，一时加剧了满、汉之间的矛盾，但到康熙初期，作了许多改革，如永停圈地、奖励开垦、整顿赋役、兴修水利，缓和了阶级矛盾和民族矛盾。

从康熙初到乾隆初的八十年期间，仅辽宁地区，满、汉农民耕垦的土地面积就增加了五倍多。吉林、黑龙江两省开垦的田地也增至六十多万晌。东北地区的粮食不仅能够自给，还有余粮供应关内，而且有大批大豆畅销国外。其他如柞蚕业、人参、鹿茸的产量也有增加。

清圣祖玄烨亲政后，在全国人民的支持下，坚决消灭了以吴三桂为首的"三藩"割据势力的叛乱；收复了割据二十年之久的台湾；驱逐了侵入黑龙江流域的沙俄殖民者，签订《尼布楚条约》，划定了中俄国界；并三次出征，打败了勾结沙俄侵犯内外蒙古的准噶尔部首领噶尔丹汗的军队。后经雍正、乾隆两朝多次出征，终于摧毁了准噶尔贵族集团的分裂势力，从而遏制了外国殖民者的侵略野心。十八世纪，清高宗弘历派大军进藏，与西藏人民共同打败了廓尔喀在英国殖民者的指挥下对后藏的入侵；道光时，满、汉官兵在新疆各族人民的支援下，活捉叛乱头子张格尔，再一次粉碎了外国殖民者侵略我国领土的企图。在促进中国统一的多民族国家的形成,在保卫祖国的领土和主权的完整的斗争中,满族起了重要作用。到了清后期,满族贵族为了保持自己的利益和统治,对外国侵略者不惜割让领土,出卖民族利益;但是,在全国各族人民为维护祖国统一、反对外国侵略所进行的共同斗争中,满族爱国官兵却作出过重大贡献。

三

满族在文化方面,入关后比入关前有了很大的发展。清圣祖玄烨自幼好学,通满、汉、蒙、藏以至拉丁各种语文,并钻研音韵、数学、天文、地理,他亲自主持下编纂的《音韵阐微》、《数理精蕴》、《历象考成》、《皇舆全览图》等书,都具有较高的科学价值。

早期满文著作,除《满文老档》、《满洲实录》和图理琛的《异域录》等书外,还有《清文鉴》、《清文典则》、《清文启蒙》等为学习满文必需之书;五体《清文鉴》更是研究满、汉、蒙、维等各族文化交流的一种重要参考文献。此外,译书也很普遍,主要汉文经典史籍,大多译成满文,有的译文,如扎克丹所译的《聊斋志异》,文字表达达到了很高的境界。

满族文学家辈出,早期著名的词家纳兰性德著的《饮水集》,清新婉转,自成一家,足与当时词坛上负有盛名的汉人朱彝尊和陈维崧相媲美。鸦片战争以后,满人著述,据《八旗艺文编目》记载,经、史、子、集等约有二三百种。《天游阁集》的作者西林太青(即顾太清)被认为是清代第一女词人。已故的著名作家老舍(原名舒庆春,号舍予,舒穆禄氏),著名京剧艺术家程砚秋,都驰名于海内外。

从习俗方面看,关内满人已经与汉人几无差异,关外各地居住的满人,只是在满族聚居的偏僻乡村,保存满族固有的习俗稍多一些。时至今日,满、汉习俗早已糅合在一起了,而近五十年来,关内满人模仿汉俗的速度尤快。当然,从汉人习俗(包括语汇)中也能找出一些满俗的成分,而满人仿效汉俗,则比汉人仿效满族的更多。毋庸置疑,满族在发扬祖国文化中作出了一定的贡献。

匈　奴

赵　秉　昆

　　匈奴是我国古代北方草原上的一个游牧民族。从公元前三世纪到公元五世纪，它先后在蒙古高原和中原地区活动了大约八百年，对开拓祖国北疆、创造祖国历史文化作出过重要贡献，在中国及世界历史上都留下了深远影响。

　　"匈奴"之名，最早见于《逸周书》、《战国策》等先秦文献，但异名繁多，至《史记》始定称匈奴，并详载了它的早期历史，所以司马迁被中外学者誉为"匈奴学"的奠基人。秦汉之际又称匈奴为"胡"，某些学者认为，匈奴的"匈"字与"胡"字系一音之转，或认为"胡"是"匈奴"的急读。"匈奴"和"胡"并非汉族人对这个游牧民族的蔑称，而是他们的自称，匈奴狐鹿姑单于在致西汉武帝的文书中就说："南有大汉，北有强胡。胡者，天之骄子也。"用"胡"泛称我国古代北方少数民族是以后的事。

　　关于匈奴的族源，有东胡说，西羌说，突厥说，夏族说等等观点。但多数学者认为，内蒙古黄河河套地区是古匈奴人的历史摇

篮,它与商周以来的鬼方、獯鬻(xūn yù)、猃狁(xiǎn yǔn)和戎、狄等部族有着密切的渊源关系。

春秋末期,匈奴与中原汉族接触渐多,匈奴人学习汉人的农耕技术,汉人学习匈奴人的养马经验,中原铁器输入匈奴,促进了匈奴社会经济的发展,赵武灵王提倡胡服骑射,中原始有骑兵。到了战国晚期,匈奴由原始氏族制迅速向奴隶制转变,掠夺性加强,匈奴贵族常率骑兵入边扰掠,秦、赵、燕三国先后修筑长城以御匈奴。秦始皇统一六国后,又将三国长城联结起来,筑成举世闻名的"万里长城"。

公元前209年,冒顿(mò dú)杀其父头曼自立为单于(chán yú),建立了我国北方草原上的第一个奴隶制政权。单于是匈奴最高统治者的称号,意为"广大"。匈奴语称天为"撑(chēng)犁",称子为"孤涂",匈奴内部又称单于为"撑犁孤涂单于",犹汉言"天子"。单于名位一般是在挛鞮氏贵族内传袭,自冒顿时正式确立长子继承制,无子则兄终弟及。匈奴的最高政权机构叫"单于庭",并直辖匈奴中部地区。单于身边设辅政大臣,名左、右骨都侯,皆由呼衍氏、兰氏和须卜氏贵族充任。最高地方行政机构叫左、右贤王庭,分辖东、西两部,以左、右贤王统率,匈奴语称贤为"屠耆",贤王又称屠耆王。匈奴尚左,故左贤王多由单于继承人充任。贤王以下设谷蠡(lù lí)王、大将、大都尉、大当户等各级官吏,也各分左、右职。这些行政长官也是军事首领,大者统万骑,小者数千骑,其下再设千骑长、百骑长、十骑长,平民壮男皆编入骑兵,平日生产,战时出征,家属与兵丁生活在一起。可见匈奴政权是建立在游牧经济基础之上的,行政、军事、社会生产组织三位一体的政权。这一套由冒顿草创,以后日臻完善的政治军事制度,对其他北方草原民族产生过很重要的影响。

以后,匈奴民族的发展大约经历了两个时期,即两汉时期和魏晋南北朝民族大融和时期。两汉时期匈奴雄踞北方大草原,与汉朝和战相替,对双方历史都产生了重大影响。

冒顿时期(公元前209—公元前174)是匈奴的鼎盛时期。他乘中原楚汉相争之机,东灭东胡,西击月氏,南并楼烦,北服丁零、鬲昆。控地东尽辽河,西至葱岭,南邻长城,北达贝加尔湖。控弦之士数十万,不断扰掠汉地。公元前200年,汉高帝刘邦率兵北击匈奴,反被冒顿围困于白登(今山西大同市东),后以重礼贿赂冒顿的阏氏(yān zhī,单于妻),才得逃出重围。汉只好与匈奴和亲,并与单于约为兄弟,常用大量黄金缯绣笼络匈奴贵族,还在边地设关市贸易,关系渐趋和好。但匈奴贵族常常恃强绝约,南下掳掠。公元前140年汉武帝继位后,决心乘国力强盛的有利条件,解除边患,多次北伐匈奴,迫单于退出漠南,西域诸族尽附于汉,匈奴势力被大大削弱。终西汉之世,汉匈关系基本上是良好的。

公元前58年,呼韩邪单于稽侯珊即单于位,匈奴统治集团发生内讧,出现五单于争立的混乱局面,呼韩邪虽一度获胜,但不久又被其兄郅支单于击败而归附西汉。公元前51年呼韩邪单于亲到长安朝见汉宣帝,宣帝予以特殊的礼遇,并赐黄金、玺绶等物,又调拨大量粮食赈济匈奴部众。呼韩邪在汉朝的支持下强盛起来,郅支单于自度无力抗衡,西迁伊犁河一带,于公元前36年被汉西域都护府的边将擒杀,匈奴再次安定下来。公元前33年,呼韩邪单于再次到长安觐见,并向汉元帝求婚,表示"愿婿汉氏以自亲"。元帝以后宫良家子王嫱下嫁,号"宁胡阏氏"。这便是家喻户晓的"昭君出塞"的故事。昭君与呼韩邪生一子,后官至右日逐王。两年后呼韩邪

单于死,从"父死,妻其后母;兄弟死,皆娶其妻妻之"的匈奴习俗,王昭君复嫁呼韩邪大阏氏所生长子雕陶莫皋,又生二女。呼韩邪和王昭君为汉匈和好作出的历史贡献,名垂青史。自宣帝以来汉匈地区都在和平环境中得到发展。

公元 9 年王莽篡汉建立"新"朝,对匈奴等少数民族实行民族歧视、民族压迫政策,激起匈奴的强烈不满,双方关系急剧恶化。东汉初,匈奴贵族中的反汉势力进一步抬头,常常南下扰掠,双方再次兵戎相见,匈奴内部也再次分裂。公元 48 年,统率匈奴南八部的右奥(yù)鞮日逐王比被八部贵族拥立为单于,匈奴遂分裂成南北二部。南匈奴单于倾慕汉族文化,主张与汉和好,仍袭用其祖父"呼韩邪"旧号,不久率众附汉,入居塞内,接受汉帝颁赐的黄金印绶。退居漠北的北匈奴却因连年天灾和对外战争而饥疲不堪,加上四邻夹击,内讧迭起,从而陷入内外交困的境地。东汉乘机出击,公元 91 年大破北匈奴于金微山(今阿尔泰山),北单于率部分北匈奴人西逃康居,并辗转经里海、黑海北岸,进入东欧,欧洲人称之为"匈人"。公元 451 年匈奴王阿提拉率五十万大军攻入高卢,与西罗马帝国及其同盟军战于巴黎东南之特尔瓦。阿提拉时代是欧洲匈奴人的极盛时期,以后与居地土著民族融合,成为现代匈牙利人的先民。匈奴西迁欧洲,推动了欧洲民族大迁徙,而民族大迁徙又加速了罗马帝国的衰亡,推动欧洲社会由奴隶制向封建制的转变。

匈奴政权瓦解后的北匈奴人,除部分西迁外,或留居漠北草原,或南迁入塞。东汉末年,匈奴贵族或依附曹操,或投靠袁绍,参加北中国的割据战争,并乘机入塞劫掠,"文姬归汉"的故事便发生在这个时期。

其后,鲜卑、柔然先后崛起,进入大漠南北,与匈奴人杂处通婚,有的完全与鲜卑、柔然融合,有的成为新的部族。如东部鲜卑的宇文部的首领,原即是匈奴人;还有胡父鲜卑母的"铁弗匈奴"、胡母鲜卑父的"拓跋鲜卑"。汉代内迁的匈奴人,魏晋时期即已进入汾水流域等处,部落组织解体或名存实亡,贵族多变成官僚、地主、地方封建军阀,人民则成为"编户",并由游牧而转营农耕。从中派生出屠各胡、卢水胡等支系。"五胡十六国"初期有一个少数民族政权"汉"(304—329),就是屠各胡首领刘渊联合南匈奴贵族建立的。"五胡十六国"后期,铁弗匈奴贵族赫连勃勃建立了"大夏"政权(407—431),卢水胡贵族沮渠蒙逊建立了"北凉"政权(401—439)。原系匈奴人的宇文鲜卑,则在南北朝后期建立了为重新统一中国奠定基础的"北周"政权(557—581)。这一时期的戍卒起义、流民起义亦多有匈奴人参加。就在这政权更替频繁,阶级矛盾和民族矛盾错综复杂的历史进程中,匈奴人或直接融合于汉族;或先融合于其他少数民族,再融合于汉族和后起的北方少数民族。经过这样的反复融合,在南北朝以后的史籍中已不再有匈奴之名了。

匈奴人对中国北方大草原的开发具有首创之功。他们不但善养马、牛、羊,而且能人工繁殖蠃(luó,即马骡)、䮶騠(jué tí,即驴骡)、骆驼、驴等奇畜,更系中原所无。这些家畜及其畜牧经验传入中原,使我们至今仍沾其惠。匈奴的骑战被中原地区采用后,使战略战术发生变化,作战方式改观,在军事上有深刻影响。化妆品"燕支"(胭脂)以及乐器"胡笳"等传入中原,也丰富了中华民族的生活内容。在汉匈关系间所发生的可歌可泣的故事,成为各种文学形式的创作题材,其数量之多,流传之广,感染力之强,恐怕是我国民族关系史上所罕见的。以冒顿单于为中华民族的一位民族英雄,以呼韩邪单于为少数民族中倡导民族和好的最早典范,大抵也不过分。

匈奴民族的八百年历史为中华民族增添了光彩，这是应当充分肯定的。

蒙古和蒙古族的形成

周 清 澍

蒙古的由来

秦汉以来,匈奴、鲜卑、柔然、突厥、回鹘、黠戛斯等部相继称雄于蒙古高原,十三世纪初,成吉思汗统一了蒙古高原各部,建立了以蒙古为名的国家。目前占主导的意见是:最早的蒙古人来源于东胡。东胡是匈奴以东许多族属相同的部落联盟。东汉时,东胡的鲜卑人兴起于兴安岭地区,乌桓人崛起于其南。后鲜卑各部与匈奴等族向南扩张,灭亡了西晋。其中拓跋鲜卑贵族于 386 年建立北魏王朝。不久,在鲜卑和乌桓的故地又兴起了室韦和契丹等部。法国学者伯希和认为,室韦只不过是鲜卑不同的译音(*Serbi, *Sirbi, *Sirvi)。室韦人就是留在原地较原始的鲜卑人,也是一个包括许多部落的联盟,据《旧唐书·北狄传》记载,在俱轮泊(呼伦池)以北,傍望建河(额尔古纳河)而居者,有西室韦、大室韦、蒙兀室韦等部。其中"蒙兀室韦"就是构成蒙古族核心的原始部落。波斯拉施特《史

集》记载的蒙古传说也证实了这一点，据说蒙古人的祖先原住在名叫额尔古涅昆的深山中，后从山中出来，一部游牧于额尔古纳河和呼伦池附近及其西南，这就是包括弘吉剌等部在内的迭列列斤蒙古；另一部则迁到鄂嫩河和克鲁伦河上游及两河之间的肯特山一带，即成吉思汗所在的各部落，称为尼鲁温蒙古。蒙文史书《元朝秘史》则说：成吉思汗的祖先渡过了腾汲思，来到了斡难河(鄂嫩河)源头不儿罕山(肯特山)前居住。"腾汲思"在突厥语中意为海，很可能指的是呼伦池。《秘史》描述的迁徙过程是与中外文献完全吻合的。

按照近代语言学的分类，历史上活动在蒙古高原的民族分属于阿尔泰语系的突厥语族和蒙古语族。一般认为，匈奴、突厥、回鹘、黠戛斯属突厥语族，东胡、鲜卑、柔然、室韦、契丹则属于蒙古语族。公元745年回鹘灭亡了东突厥汗国。840年回鹘被黠戛斯所破，王室率众西迁。不久，黠戛斯又被契丹驱回叶尼塞河故地。值此群雄无主之际，蒙古各部开始了向西渗透和发展的过程，与留在蒙古高原上说突厥语和蒙古语的各族遗裔错居杂处。后对辽、金王朝，时而臣服，时而侵扰，而以萌古、毛褐、蒙古里、盲骨子、朦骨、朦辅……等译名见于辽、宋、金的记载中。

蒙古与鞑靼

约与蒙兀室韦出现的同时，以突厥文铭刻的《阙特勤碑》上载有一种"三十姓达怛"，所处地望与室韦相当，似乎这时室韦也称达怛。达怛之名初见于唐代汉籍，以后达靼、达旦、塔坦、鞑靼之名累见于新、旧《五代史》、《辽史》和宋代史籍(《辽史》和《金史》又称为阻卜或阻鞑），有时鞑靼几乎成了北方各部的泛称。蒙古人自写的《元朝秘史》中，鞑靼译作塔塔儿，只是指活动于呼伦贝尔草原讲蒙古语的一部。拉施特《史集》的记载与《秘史》相同，但他解释说："由于塔塔儿的强盛和煊赫一时，人们对种类和名称不同的其他部落……全都称之为塔塔儿。各部也自以被称为塔塔儿而感到伟大和尊荣。"因此，金代中原人很熟悉北方的鞑靼，在蒙古军占领燕京后，也被统称为鞑靼。大将木华黎等对汉人说话时也自称"我鞑靼人"。尽管蒙古是元朝统治者的自称，但中原民间仍习称"达达"，以至泰定帝即位诏的汉译文中，也译蒙古地区为"达达国土"，译蒙古人为"达达百姓"。元亡以后，明人也称蒙古为鞑靼，《明史》为蒙古立传即名为《鞑靼传》。随成吉思汗之孙拔都在西方建立钦察汗国的蒙古人也被称为鞑靼人。久之他们被当地突厥人所融化，然而这个讲突厥语的民族，迄今却以鞑靼著名于世。

蒙古的兴起和大蒙古国的建立

回鹘、黠戛斯败亡之后，蒙古高原处于四分五裂的局面，这里既有操蒙古语的部落，也有操突厥语的部落。自称蒙古的只是蒙古语族各部中的一支，在成吉思汗年少时，他们也分成许多氏族和分支。成吉思汗率领他的伙伴(那可儿 nökör)和部属，次第征服了蒙古高原各部，于 1206 年建立了大蒙古国。据《元朝秘史》记载，建国后曾有讲九种语言的百姓聚集在巫师帖卜腾格理处。可见当时的蒙古国是一个语言各异、族属不同的部落联合体。然而，成吉思汗创造的千户制度，打碎了原有的部落系统，将拥护自己的部落分属于以亲族、驸马、功臣为首的千户，再把被征服的各部百姓拆散分

配到各千户之中,割断他们原有的血缘纽带,统统变成蒙古国的百姓。

成吉思汗先统一了漠北,西边到阿尔泰山突厥语部落乃蛮的故地,东北从额尔古纳河以至外兴安岭分给其弟合撒儿,再东则属于幼弟斡赤斤,后者又逐渐将其领地推进到嫩江和松花江流域。各部落都在长久的蒙古化过程中,融合成为蒙古族的一员。

漠南地区阴山以北的汪古部,在征乃蛮前已自动归附。1214年,成吉思汗又将新占领的漠南东部金朝的土地分封给自己的亲信和弟侄。灭西夏以后,原属西夏的今鄂尔多斯、贺兰山、额济纳河、河西走廊相继被分赐给宗王,大批蒙古牧民也随着南迁。后逐渐形成了漠南蒙古族的聚居区。

蒙古贵族向外扩张和蒙古草原经济的发展

成吉思汗统一蒙古以后,以他为代表的草原贵族,又不断发动对外扩张和掠夺的战争。除南下以外,成吉思汗西征的结果,长子术赤及其继承者拔都建立钦察汗国于哈萨克和南俄草原,次子察合台建汗国于别失八里(今新疆吉木萨尔境)以西至阿姆河流域,三子窝阔台建汗国于今新疆西北部。后来其孙旭烈兀建伊利汗国于波斯。在侵略战争中,大批蒙古人离开了故土,部分死于战争,留在诸汗国的人的后裔被消融在各个被征服民族之中。蒙古贵族源源不断地俘虏来更多的劳动人手,包括工匠、农民和从事牧业的奴隶。使蒙古草原的经济得到很大的发展,也使这里的人口成倍地增长起来。劳动力的增长不仅使蒙古草原的基本生产部门——游牧畜牧业得到较大的发展,而且在各族人民共同努力之下,新兴的农业、手工业、商业和城镇建设也达到前所未有的规模。

蒙古草原的统一、国家的建立、奴隶制和封建制秩序的相继确立,结束了部落纷争、"天下扰攘"的时代,避免了相互掠夺和争夺牧场造成畜牧业的破坏。窝阔台汗还指令各千户内选派嫩秃赤(nuntuchi)专管分配牧场的工作,派人到一些缺水的地方打井以开辟新的牧场。元朝制止草生时掘地和失火烧毁牧场,颁布了以"诛其家"的重刑保护牧场的禁令。

农业人口的流入促进了漠北农业的发展。成吉思汗曾令镇海督率各族俘虏万余人屯田于阿鲁欢(今吟腊湖以南,后定名称海,即镇海)。克鲁伦、鄂尔浑、塔米尔等河沿岸也有人利用河水灌溉,种植耐寒的糜、麦等谷物。世祖相继派汉军前往和林、称海屯田,武宗时,和林曾年收粮九万余石,称海年收粮二十万斛。

蒙古草原出现了不少新兴的城镇。1235年,窝阔台在和林建造了以万安阁为中心的宫殿,以后扩建为包括衙署、寺庙、商店、作坊、市场的城市。后定为岭北行省的首府。称海屯田处也建起城池、仓库等。1307年在此设称海等处宣慰司都元帅府。诸王贵族在领地内也建造城池和宫苑。

蒙古贵族每攻占一地,就把工匠挑选出来掳回各自的领地,为他们制作武器和其他手工业品,"百工之事,于是大备"。从中原经过漠南,有帖里干、木邻、纳邻三条驿道通往漠北,交通较前方便得多。驿路的开通便利了商旅的往来,沟通了蒙古族和全国各族人民的交往和物资的交流。

创制本民族文字和文化的发展

蒙古族处于多民族的国家中，客观上有利于广泛接触并吸收各民族的文化，使本民族的文化得到很大的发展。成吉思汗建国前，就已经试行以畏兀儿字母拼写蒙古语的文字。世祖时又由帝师八思巴创制用梵藏字母拼写一切文字的蒙古新字。成宗时畏兀儿字经搠思吉斡节儿的改革，制定了规范的蒙古字正字法和书面语法，使畏兀儿字成为便于普遍推广的文字。元代无疑是以皇室出身的古蒙古部方言作为民族的共同语，当然畏兀儿字蒙古文必须以这种共同语为依据，这就更促进了蒙古语言的统一和民族的形成。它经过历史的考验一直被蒙古族使用到今天。

元朝为了吸收汉族王朝的统治经验和利用儒学进行统治，曾组织翻译了《资治通鉴》、《贞观政要》、《帝范》及各种儒家经书。皇帝因崇奉喇嘛教，也组织翻译了大批梵、藏文佛经。

蒙古新字颁行后，中央设蒙古国子监和国子学，地方行省、路、散府、州分设蒙古提举学校官、蒙古教授、蒙古学正，主管教习蒙古字。各侍卫亲军都指挥司，也各设蒙古字教授一员。同时还有不少蒙古族进了学习汉文经书的儒学。元仁宗开科举以后，规定蒙古人在乡试和会试中各占四分之一，从而有部分蒙古族通过科举进入了仕途。一批蒙古族的史学家、文学家、剧作家、书法家和翻译家也随之涌现出来。

阶级和阶级斗争

成吉思汗所建立的国家是代表称为"那颜"(Noyan)的奴隶主贵族的国家。皇帝、后妃、宗王、公主而下,还有万户、千户等等,形成一个等级制的阶梯。成吉思汗家族的后人被称为"黄金家族",是具有至高地位的皇室成员。一般贵族凭出身的"根脚"可以在朝廷中担任大官,在领地内具有世袭统治和奴役所属部民和奴隶的权力。

劳动牧民和奴隶是蒙古社会中的被统治阶级,也是基本生产者。原来各部落的成员已丧失了自由,沦为对某一那颜确立了人身依附关系的属民,被固着在他的领地内,不得"擅离所部,违者斩"。他们都有"出差发"的义务。其中包括按定额缴纳马、牛、羊的实物税(汉语称"抽分"、"税敛",蒙语称"忽卜赤儿"qubchir),向领主贡献食用羊和饮用的马乳自备牛、马、车仗、人夫为国家和领主服无偿的劳役等。

蒙古贵族在元朝占有统治地位,虽然蒙古统治者竭力强调蒙古人的优越地位,但蒙古族劳动人民处于农奴或奴隶的地位,在沉重的负担下,"蒙古子女鬻为回回、汉人奴者"比比皆是。甚至有商人从海路将蒙古男女贩往西亚和印度等地作奴隶的现象。这些事实反映了蒙古人民同样备受元王朝压迫的阶级实质。因而,在全国各族人民反抗元朝统治者不绝如缕的斗争中,蒙古族人民纷纷起而暴动,积极投入了这一斗争的行列。

元亡后,多数蒙古人从此留在中原。洪武、永乐时,又不断有蒙古人成批降附明朝。久之这些人都融合在汉族当中。反之,随

元顺帝北奔的有大量汉人,还有钦察、康里(均属色目人)等卫军都融合到蒙古族当中,现在如喀喇沁、杭锦、奈曼等旗名仍保留着这些部名的痕迹。

经过元朝一代的大发展,蒙古高原不同民族成份的部落以及大量外来人口都逐渐融合到蒙古族中,蒙古民族的形成过程大体完成了。从以上事实可以看出,一个民族并非都是同一祖先的后代,不能简单地以血缘关系和人种学去解释。民族是历史长期发展的产物。蒙古族是以一个自称蒙古的小部而得名,这个蒙古部为统一各部,促进蒙古族的形成和发展作出了重大贡献。元亡以后,蒙古族又经过六百年曲折的发展,成为今天多民族祖国大家庭中的一员,在崭新的风貌下取得了更大的进步和发展。

土尔扈特蒙古重返祖国记

王 思 治

承德避暑山庄东北的普陀宗乘之庙，建成于乾隆三十六年(1771)。走进该庙山门，迎面有碑亭一座，亭中有《御制普陀宗乘之庙碑记》、《御制土尔扈特全部归顺记》和《优恤土尔扈特部众记》三块巨型石碑。乾隆撰写的两篇有关土尔扈特蒙古的碑文，用满、汉、蒙、藏四种文字镌刻在碑身四面，今犹清晰可读。碑文记述了我国土尔扈特蒙古在远离祖国、流落异乡一百四十多年之后，于乾隆三十六年自伏尔加河下游重返祖国的过程，以及清政府对他们的安置。这两块至今仍然完整无损、巍然矗立的石碑，是二百多年前我国统一的多民族国家团结抗击沙皇俄国的历史见证。

(一)土尔扈特的西迁及其反抗沙俄的斗争

土尔扈特是我国西北厄鲁特蒙古四部之一。厄鲁特蒙古是明代瓦剌之后，分为四大部，即：准噶尔(绰罗斯)、和硕特、杜尔伯特、

土尔扈特。他们游牧于天山以北、阿尔泰山以南、巴尔喀什湖以东、以南的广大地区。土尔扈特部游牧于雅尔之额什尔努拉(今新疆塔城西北及前苏联境内的乌尔扎)地区,十六世纪末十七世纪初,其西部牧地已达额尔齐斯河上游、伊施姆河一带。

当时,厄鲁特蒙古四部已有杜尔本·卫拉特的联盟组织,但各部却是"部自为长"①,"各统所部,不相属"②。在这种情况下,松散的联盟不可能有效地解决诸如因牧场等等而引起的纠纷,也不可能控制各部因力量发展的不平衡而出现的矛盾。十七世纪初,准噶尔势力日益强大,其部长巴图尔浑台吉意图兼并土尔扈特。土尔扈特部长和鄂尔勒克不满于蒙古王公之间的纷争,与巴图尔浑台吉交恶,两部关系紧张,于是率一部分牧民向西游牧到额尔齐斯河上游。在这里,他们又受到沙皇俄国扩张主义者的威胁。沙俄塔拉将军加加林要他们"宣誓效忠沙皇",签订相应的条约,加入俄国国籍③。厄鲁特蒙古各部断然拒绝了俄国的无理要求。俄国塔拉当局也拒绝了土尔扈特希望与俄国和睦相处,允许他们在该地游牧的要求。而这时厄鲁特蒙古四部之间的纷争也日益加剧,和鄂尔勒克迫于形势,大约在1628年(明崇祯元年),率土尔扈特部西走,经过两年多的时间,来到了当时还是人烟稀少的伏尔加河下游各支流沿岸。

当时,俄国政府的实际控制力量虽然尚未达到辽阔的伏尔加河草原,可是当土尔扈特在这里建立起新的游牧生活之后,沙俄政

---

① 祁韵士:《皇朝藩部要略》卷九《厄鲁特要略》一。

② 张穆:《蒙古游牧记》卷十四《额鲁特蒙古新旧土尔扈特部总叙》。

③ 兹拉特金:《准噶汗国史》第124、127页。

府立即对他们施加强大的压力。早就与俄国人打过交道的和鄂尔勒克,"在认识俄国人的初期,就对俄国人的道德品质留下了极坏的印象"①,根本就"没有宣誓隶属俄国之意"②。于是俄国政府决心用武力征服土尔扈特。我国土尔扈特部众奋起反抗。不幸的是其部长和鄂尔勒克战死于阿斯特拉罕城下,他为土尔扈特部的独立自主献出了生命。十八世纪二十年代以后,在俄国政府强大压力之下,土尔扈特逐渐为其控制,尽管如此,土尔扈特汗阿玉奇仍然"独立行动,甚至进攻沿伏尔加河诸俄罗斯城市"③。土尔扈特人的不断反抗,使俄国政府无法实现对他们的彻底征服。于是俄国当局又采用了另一手。他们强迫土尔扈特放弃自己信仰的佛教,改宗东正教,企图由此驯服慓悍善战的土尔扈特。"俄国无所忌惮地给伏尔加河流域的土尔扈特人施加洗礼",进行大规模的宗教迫害。然而,与俄国政府的愿望相反,"所有这些努力的最后结果都是同样的——激起了信奉佛教的游牧民族起来反对改宗正教的活动"④。《朔方备乘》卷三十八《土尔扈特归附始末》说:"土尔扈特重佛教,敬达赖喇嘛。而俄罗斯尚天主教,不事佛,以故土尔扈特虽受其役属,而心不甘,恒归向中国。"为了抵抗俄国政府的压迫和奴役,他们思念鲁特各部和亲人,怀念祖国。

---

① 帕里莫夫:《留居俄国境内时期的卡尔梅克民族史纲》第28页。

② 巴克曼:《土尔扈特族自俄返华记》。见《东方文化》第二卷第93页。

③ 潘克拉托娃:《苏联上古中古史》第261页。

④ 加思:《早期中俄关系史》第145页。

（二）土尔扈特与祖国的联系及其重返祖国的斗争

由于俄国政府的压迫，还在土尔扈特迁到伏尔加河下游不久，就曾几次想重返祖国，都未能实现。但他们却竭力与厄鲁特蒙古各部加强联系，并不断派使者向清中央政府"奉表入贡"。1640年（崇祯十三年），和鄂尔勒克和他的儿子不远万里来到台尔巴哈台，参加了厄鲁特蒙古与喀尔喀蒙古的台尔巴哈台会议，会上制订了有名的《蒙古厄鲁特法典》。为了改善与准噶尔部的关系，两部部长子女相互通婚。清王朝建立后，1646年（顺治三年），书库尔岱青等（均和鄂尔勒克之子）随青海和硕特蒙古的顾实汗所进表贡"附名以达"①。此后就不断遣使进贡，与清政府建立直接关系。清政府对于他们请求在归化城（今内蒙呼和浩特）以马匹互市，以及"入藏礼佛"、"谒达赖喇嘛"等要求，均予允许。到了康熙的时候，更是"表贡不绝"②。1712年（康熙五十一年），土尔扈特汗阿玉奇遣使萨穆坦假道西伯利亚，到北京"贡方物"。这是在准噶尔汗策妄阿拉布坦分裂叛乱、土尔扈特经由新疆到北京的通路阻断后，被迫寻求与祖国联系的道路。萨穆坦一行历尽旅途的艰辛，经过两年多的时间才到达北京。土尔扈特对祖国的向往，甚至连康熙也十分感动，所谓"上嘉其诚"。于是，清政府决定派内阁侍读图理琛等为使臣，前往伏尔加河流域，探望我国土尔扈特蒙古，并了解"所部疆域"③。

---

① 《皇朝藩部要略》卷九。
② 《朔方备乘》卷三十八《土尔扈特归附始末》。
③ 《蒙古游牧记》卷十四。

康熙五十一年四月,图理琛等假道西伯利亚出使伏尔加河。清政府由理藩院行文俄国当局,要求允许使团过境。但由于俄方的阻挠,图理琛等经过了两年多的时间,于康熙五十三年(1714)六月,才到达土尔扈特汗阿玉奇的驻地,受到盛大的欢迎。图理琛等交付了康熙的"谕旨",转达了康熙的问候。阿玉奇对祖国极为关心,一一询问,并着重向清使说明:"满洲、蒙古,大率相类,想起初必系同源",明确表示自己是祖国的成员;他又说:蒙古"衣服帽式,略与中国同。其俄罗斯乃衣服、语言不同之国,难以相比"[①]。十分清楚地表明了他们的文化习俗与中国息息相关,而与俄国则格格不入。图理琛等住了十四天,每日盛宴,观看射箭、摔跤等表演,彼此都"喜之不尽"。临行,阿玉奇的小儿子策棱敦多布送给康熙鸟枪一杆,并请代为转达他对康熙的祷祝。这些欢快、融洽和祝福,表达了土尔扈特对祖国的深厚情意。

乾隆二十一年(1756),这时俄国对土尔扈特的控制已经加强,但土尔扈特汗敦罗布喇什仍遣使吹札布到承德避暑山庄觐见乾隆,向乾隆呈献了方物、贡品、弓箭袋(今存中国历史博物馆)。乾隆多次面见吹札布,详细询问了他们的处境及与俄国的关系。吹札布说明了早年西迁的原因,申诉了土尔扈特部众遭受俄国压迫的痛苦。他说:"俄罗斯尝与雪西洋(瑞典)及西费雅斯科(土耳其)战,土尔扈特以兵助之,厥后稍弱,俄罗斯因谓其属,然附之也,非降之也。""非大皇帝(乾隆)有命,安肯自为人臣仆!"[②]这就说明,土尔扈特是在自己力量不足以抵抗俄国的情况下,不得不暂时依附俄罗斯,但决不是投降,他们始终只服从中国皇帝的命令。

---

① 图理琛:《异域录》卷下。
② 《皇朝藩部要略》卷十三。

　　然而，远离祖国的土尔扈特部蒙古，他们的处境是极为艰难的。沙俄的控制和压力与日俱增。俄国政府策划改变土尔扈特汗位的继承方式，以加强其统治，准备以杜尔伯特贵族敦杜克夫代替渥巴锡，"重建土尔扈特部政权"，成为俄国"一个新的行政区"①。土尔扈特部面临着完全丧失独立的危险。问题的严重性还不止于此。1768—1769 年，沙俄与土耳其再次开战，俄国政府大量征调土尔扈特人当兵，"死者亦七八万"，而且还进一步"令十六岁以上尽赴敌，是欲歼灭土尔扈特之人"。可怕的灭族之灾使土尔扈特各部落"众皆汹惧"②。渥巴锡忧心如焚，决计武装起义，携全族返回祖国。后来，乾隆在《土尔扈特全部归顺记》中根据渥巴锡的陈述写道："(渥巴锡)以俄罗斯征调师旅不息，近且征其子入质。而俄罗斯又属别教，非黄教，故与合族台吉(贵族称号)密谋，挈全部投中国兴黄教之地，以息肩焉。"

　　1770 年 10 月 11 日，"渥巴锡乃集大小宰桑谕以逃往伊犁之利，众皆喜，为远行之计"③。他们原计划等到伏尔加河结冰之后，携同北岸的一万多户土尔扈特人同返祖国。非常不幸的是，"是岁(乾隆三十五年，即 1770 年)冬温，河冰不冻"。同时，土尔扈特将要东归的风声也已走漏，俄国政府有所觉察。形势的发展迫使"渥巴锡不能久待河北人口，遂杀俄罗斯匠役千人及贸易人等"④，以示与俄

---

① 巴克曼：《土尔扈特自俄返华记》，见《东方文化》一九五五年，第二卷，第 95 页。杜尔伯特贵族敦杜克夫早已背叛祖国投靠沙俄，长期居住在彼得堡，是一个完全俄国化了的东正教徒。

② 《朔方备乘》卷三十八《土尔扈特归附始末》。

③ 同②。

④ 同②。

罗斯彻底决裂。伏尔加河下游反抗的战旗高举，一位西方历史学家写道："整个部落异口同声发出惊呼：'我们的子孙永远不当奴隶，让我们到太阳升起的地方去'"。①可是，留在伏尔加河北岸的一万余户却始终未能回到祖国。

1771年1月5日，土尔扈特人起程回国，开始了艰苦卓绝的历程。俄国女皇叶卡德琳娜二世，"因为她的大臣们竟漫不经心到让整个部落在她信任的奴仆的鼻尖下举行暴动，逃出了神圣的俄罗斯国境，从而使罗曼诺夫家族和头戴彼得大帝王冠的守护神鹰蒙受了永不磨灭的耻辱"②，因而大发雷霆。俄国政府立即派出军队追袭，在回国东进的道路上又有哥萨克等的阻击。土尔扈特经过了多次激烈的战斗，忍受了饥饿疾病的折磨，终于在6月底7月初进入中国境内，追袭的俄国军队"乃引兵还"。渥巴锡在给伊犁将军伊勒图的信中写道：他们"向居俄罗斯地，久愿为大皇帝臣仆，而无机可乘，乃于去冬谋弃故地，挈属内附，因自彼逸出，行程万千有余里"，希望"准令入觐，以伸积诚"③。这封信的文词虽然简括，却十分诚挚地表达了土尔扈特蒙古人民向往祖国的心情，他们"积诚"于心，历一百余年而不衰，终于冲破艰难险阻回到祖国故土，他们的事迹多么感人！甚至使一些研究这一伟大历史事件的学者也激动不已，一位英国学者写道："从有最早的历史记录以来，没有一桩伟大的事业能像上个世纪后半期一个主要鞑靼民族跨越亚洲的无垠草原向东迁逃那样轰动于世和那样激动人心的了。"④

---

① 斯文·海丁：《热河·皇帝城》第31页。

② 同①第39页。

③ 《皇朝藩部要略》卷十四。

④ 德昆西：《鞑靼人的反叛》第1页。

(三)清政府对土尔扈特部的安置

土尔扈特起程回国时,有三万多户十七万余人,在短短的几个月时间内,竟有一半人死于归途中的战斗以及饥饿和疾病。回到祖国的土尔扈特人,经过长途跋涉,颠沛流离,几乎丧失了所有的牲畜。他们形容枯瘠,衣衫褴褛,靴鞋俱无,"其幼孩有无一丝寸缕者"①。为了实现回归祖国的宿愿,他们蒙受了巨大的牺牲。

清政府对土尔扈特的来归十分重视。乾隆在得到奏报后,立即发布谕旨:"大皇帝降旨:尔(土尔扈特)等俱系久居准噶尔之人,与俄罗斯之俗不同,不能安居,闻厄鲁特等,受朕重恩,带领妻子,远来投顺,甚属可悯,理宜急加抚绥安插。"②从《优恤土尔扈特部众记》碑文中,可以看到,当时新疆、甘肃、陕西、宁夏及内蒙等地的各族人民,以大量物资供给土尔扈特,计有:马牛羊二十余万头,米麦四万多石,茶二万余封,羊裘五万多件,棉布六万多匹,以及大量的毛毡庐等。这真是雪里送炭,帮助土尔扈特人民渡过了困难,在祖国的故土上"皆安居得所","俾得以所至如归。"③

乾隆三十六年九月初八,渥巴锡等至热河木兰围场的伊绵峪觐见乾隆,并随围观猎。乾隆询问了土尔扈特的历史及其回国的情况。回到避暑山庄后,乾隆又多次接见他们,并举行灯宴,观火戏。其时,普陀宗乘之庙落成,渥巴锡等前往瞻礼,与喀尔喀、内蒙、青

---

① 《清高宗实录》卷889,乾隆三十六年七月辛酉。

② 同①,卷887,乾隆三十六年六月丁亥。

③ 同①,卷892,乾隆三十六年九月己亥。

海、新疆等地少数民族上层人士一起,举行盛大的法会。乾隆在普陀宗乘之庙内立了前面提到的两块有关土尔扈特的石碑。

为了褒奖土尔扈特的来归,清政府封渥巴锡为卓哩克图汗,其余分别封为亲王、郡王及其他爵位。将其部众划分为新旧土尔扈特,安插在新疆和科布多游牧,由伊犁将军和科布多大臣管辖。新疆维吾尔自治区现存有乾隆四十年清政府颁发给土尔扈特的银印八颗,其中有"乌纳恩苏珠克图旧土尔扈特部卓里克图之汗之印","乌纳恩苏珠党图"意为忠诚、忠顺、"卓里克图"意为英勇、勇敢,整个印文译成汉语是:"忠诚的旧土尔扈特英勇之王。"这颗印是给渥巴锡及其继承者策楞纳木扎勒的。渥巴锡的封爵及其印章,概括了土尔扈特部抗击沙俄英勇斗争返回祖国的事实。这些印章是可贵的历史文物。

在土尔扈特回到祖国一年以后,沙俄政府居然行文清政府,要求将土尔扈特归还俄方,否则就是不守和好,那末,将"兵戈不息,人无宁居",公然以武力相威胁。清政府断然拒绝了俄方的无理要求,据理逐点驳斥,指出:"土尔扈特渥巴锡等,与尔(俄国)别一部落,原非属人。"他们本来是中国厄鲁特蒙古的一部,"自准部入居尔境,尔国征调繁苛,不堪其苦,率众来投"。土尔扈特是为了摆脱俄国的奴役才回归祖国的。至于"或以兵戈,或守和好,我天朝惟视尔之自取而已","大皇帝惟欲安抚众生,必不肯轻信人言即废和好,如尔等欲背弃前议,则亦听之。"[①]表明了清政府愿与俄国"和好",但决不会屈服于武力威胁的严正立场。乾隆又命令伊犁将军:"渥巴锡等断无给伊(俄国)之理。"[②]并将此意告知渥巴锡本人。乾

---

① 《清高宗实录》卷914,乾隆三十七年八月丙寅。

② 同①。

隆三十九年(1774),渥巴锡卒。乾隆发布上谕说,渥巴锡回到祖国后,"诸事极为恭顺,办理游牧事宜,颇为尽心",其爵位由其长子策琳纳木札勒继承。土尔扈特部蒙古回到祖国后,在维护国家统一、发展新疆地区的畜牧业生产方面,做出了贡献。

氏族的演变

杨 耀 坤

氏族,是我国历史上较大民族之一,特别活跃于 3 至 6 世纪之间,曾在五胡十六国中建立前秦、后凉两个独立政权,又在整个魏晋南北朝时期建立了"仇池国"、"武都国"、"武兴国"、"阴平国"等半独立政权。

关于氏族的来源,学术界尚无一致的意见。有学者根据《三国志》注引《魏略·西戎传》中氐人自称"盘瓠之后",认为氐人可能与崇拜狗图腾的南方少数民族是血缘近亲,后来向西发展,和其他族混合后,便成为"西戎"了。但何时称之为氐?为何称为氐?《魏略·西戎传》中只说"氐人有王,所从来久矣"。《北史·氐传》也只说,氐族在"三代之际,盖自有君长",没有更明确的时间记载。从现有资料来看,甲骨文中虽已有"氐"字,但却不作族称解,而作动词"以"字用。《尚书·牧誓》记载参与周武王伐商纣的"庸、蜀、羌、髳、微、卢、彭、濮"八族,也无氐族。《竹书纪年》倒记载有:"成汤十九年,大旱,氐羌来宾(归服)";"武丁二十四年,克鬼方,氐羌来宾。"《逸周

书·王会》也有"氐羌以鸾鸟"的记载。又《诗经·商颂·殷武》也记载有："昔有成汤,自彼氐羌,莫敢不来享(助祭),莫敢不来王(朝贡)。"但这些记载又是"氐羌"并称。究竟"氐羌"是两个族,还是一个族?如是两个族,他们是异源还是同源?仅从上述记载是难以判断的。单独提到氐而又较早的书,是《山海经》。但《山海经》的成书年代也有问题,有说其中最早的篇章写于西周,有说最晚的成于汉初,并且《山海经》中除了单提"氐人国"(见《海内南经》及《大荒西经》)外,又有"氐羌"并提的。《海内经》说:"伯夷父生西岳,西岳生先龙,先龙是始生氐羌。氐羌乞姓。"这可以有两种解释,一可说氐羌为一人;另可说氐羌是弟兄,是同源同姓的。有学者即持后说认为,《国语》中谓伯夷为姜姓,而姜戎即羌(这是学术界公认的);又《左传》中谓陆浑戎为允姓,《海内经》称"氐羌乞姓"之"乞",疑即"允"字之误,而《左传》又谓姜戎与陆浑戎同出瓜州(今甘肃敦煌一带)。那么,姜戎为羌,陆浑戎则可能即氐。

持氐羌同源说者,又有从字形和图腾作解释的,认为羌人的发祥地在今陕西境内的渭水上游,至商代羌人不断扩张,向东的已到了今山西南部,向西的到了今甘肃地区。至殷商末,羌人助周灭商后,一部分遂在中原建立了齐、申等姜姓国。留在西部的从西周末就与秦国交往密切。战国时秦国渐盛,将大部分羌人排斥西去。留下归附于秦的部分羌人,住于汧、陇(二山名,在今陕西陇县)一带。因为羌人是从事牧羊的,通俗本《说文解字》说:"羌,西戎牧羊人也,从人从羊,羊亦声。"(按段注《说文》与此不同)《风俗通》也说:"羌,本西戎卑贱者也,主牧羊,故羌字从羊。"所以,羊就是羌人的崇拜图腾。而居于汧、陇一带的羌人,又是以公羊为其图腾。秦人为了把他们区别于其他羌人,便以"氐"称呼他们。古代"氐"通"羝"。

羝即公羊。而汉代正称"氐"为"羝",《封泥考略》中就有汉代的"刚羝道长","刚羝右尉"的封泥。持氐羌同源说者,还有认为"氐"是低的意思。氐羌,即低地之羌。说这种羌人住在河谷地带,人们便称他们为氐人。

持氐羌异源说者认为,《逸周书·王会》谓"氐羌以鸾鸟",晋人孔晁注:"氐地之羌不同,故谓之氐羌,今谓之氐矣。"孔晁把"氐羌"看成一个族名,氐羌即早期氐人,是有道理的。因为古代的羌号,有一个由泛称到专称、由中原而西移的过程。认为在周代以前,"羌"号如同"戎"字、"夷"字,是含义比较广泛的泛称。入周以后中原诸羌被华夏征服同化,一部分又退入汧、陇及以西地区,羌号遂在中原湮没无闻。于是中原人又泛称西方诸部落为羌或戎。氐人称号的开始出现,大约在春秋战国之际,此时"羌"的概念已更西移,乃专指河湟地区为中心的诸部落。作为专称的"羌",也逐步从此时开始形成。到了战国以后,氐与羌才在中原人的概念中明确地区分为两个族。住在汧、陇地区的原有氐羌诸部落才专称为氐,而住河湟地区的羌人诸部则专称为羌。

不管"氐羌"是一族还是两族,是同源还是异源,应该说,在秦汉之际,"氐"已单独成了一种族称。《史记·西南夷列传》中就单独提到了"氐类";西汉王朝又设了武都郡(治所在今甘肃成县西)和氐道(今甘肃天水西南)、甸氐道(今甘肃文县西)、刚氐道(今四川平武东)、湔氐道(今四川松潘西北)等郡县统治氐人。汉代的制度,少数族聚居的县称为道。《汉书·地理志》所称"氐道",颜师古注就说:"氐,夷种名也。氐之所居,故曰氐道。"据《史记·西南夷列传》所说"自冉駹以东北君长以什数,白马最大,皆氐类也",则秦汉之际的氐族,主要集中于冉駹(古部族名,在今四川茂汶一带)东北以外

的广大地区。但又有学者认为,《西南夷列传》的"皆氐类也"一语,是总括整个西南夷而言的,则整个西南夷,包括夜郎至白马等等,都是氐族了。这似乎不大符合实际。首先,《西南夷列传》中明确记载不同发式和经济生活的,就有三大类:一是"魋结(头发结成锥形立于头顶)、耕田、有邑聚"的夜郎、滇、邛都等;二是"编发,随畜迁徙,毋常处,毋君长"的嶲、昆明等;三是"或土著或移徙"的徙(读斯)、筰都、冉駹等。最后一类就是"冉駹以东北",以白马为最大的一类。这一类,司马迁没有描写他们的经济生活,可能因为这一带不如其他地区闭塞,与秦汉人接触颇多,已为人们所熟知的缘故。其次,如果说整个西南夷都是氐族,为什么汉王朝设置的氐道都集中在冉駹东北以外的地区,而西南以外的广大地区(包括今云贵两省和四川西南部)一个氐道也没有?第三,《北史·氐传》说氐族,"秦汉以来,世居岐陇以南,汉川以西,……自汧渭抵于巴蜀,种类实繁",也在《史记·西南夷列传》所说的"冉駹以东北"一带地区。所以说,秦汉以来的氐族,主要集中于今陕西西南部、甘肃东南部和与之连接的四川西北部地区,是比较恰当的。当然,这也不排除其他地区有一些散居的氐人,如《后汉书·西南夷列传》就说汶山郡之山中有"六夷七羌九氐"。这显然是个民族杂居区。而氐道中,也会有其他民族成分,有如今日的各民族自治地区,也非清一色的单一民族一样。

关于氐人的语言、风俗习惯和经济生活,《魏略·西戎传》等记载较详。大体说来,氐人在汉代已过着定居的农业生活,他们"俗能织布,善种田,畜养豕、牛、马、驴、骡"(《魏略·西戎传》。以下引文未注明出处者皆《西戎传》),并"种桑、麻,出绸、绢、布、漆、蜡、椒等"(《南史·夷貊传》),其住居"无贵贱,皆板屋土墙"(《南齐书·氐

传》)。氐人的纺织品在汉代是有名的。《说文·系部》载:"绨,氐人殊
缕布也";"纰,氐人缬也"。可见氐人已有较进步的农业和手工业。
氐人有自己的语言,但"多知中国语",并"各自有姓,姓如中国之姓
矣",显然受汉族的影响很深。其"婚姻备六礼"(《通典》),而"嫁娶
有似于羌","其妇人嫁时着衽露,其缘饰之制有似羌,衽露有似中
国袍,皆编发"。婚姻礼俗方面又兼受汉、羌二族的影响。这种状况
是由于氐人与羌人邻居杂处,并"与中国错居故也"。

自汉武帝元鼎六年(前 111)开西南夷,在氐族地区设置郡县
后,氐人便直接受汉王朝的统治(本族仍有豪帅统领)。因此,一方
面氐人可更多地接受汉族先进的经济文化,并能在一定范围内较
自由地移徙;另一方面,又因"立郡赋重",致使他们多次反抗,但都
遭失败,并在失败后一部分被迫迁到西部边远郡县。汉末建安中,
永阳郡原清水县(今甘肃清水)北的一支氐族,在豪帅杨驹率领下,
徙居仇池山(在今甘肃西和县西南)。此山极其险峻,有"一人守道,
万夫莫向"(《太平御览》引辛氏《三秦记》)之势,但山顶又极平坦,
上有良田百顷,是很好的保据之地。后在两晋南北朝中,杨氏即以
仇池为中心,尽有武都之地,建立了"仇池国",并向四周扩张。刘宋
文帝元嘉中,杨难当扩张最大,曾一度据有汉中,攻夺蜀土。此后,
杨氏继立武都(今甘肃武都东)、武兴(今陕西略阳)、阴平(今甘肃
文县东北)等政权。后至西魏北周,杨氏政权才被削平。自汉末建安
中杨驹徙居仇池,至周静帝大象三年(580)杨永安被削平止,在这
近四百年中,杨氏政权虽然时而臣北,时而属南(还有几次短暂被
灭),但始终保持了相对的独立性,是氐族在魏晋南北朝中建立政
权最久的一支。由于杨氏政权辖地较小,又地处偏僻,影响不大,故
素不为人重视。

氐人政权影响最大的,是十六国中的前秦。建立前秦的苻氏,是略阳临渭(今甘肃天水东)氐。自公元351年苻健在长安称帝建立秦国,至394年苻崇被西秦所杀,共立国四十四年,史称前秦。前秦政权在苻坚统治的二十八年中,国力最盛,先后消灭了前燕、前凉和代等政权,统一了北方。苻坚治国,依靠寒门出身的王猛,整顿吏治,加强集权,提倡儒学,发展生产,使前秦出现了安定繁荣的景象,是十六国中最好的时期。史称"自永嘉之乱,庠序无闻,及坚之僭,颇留心儒学,王猛整齐风俗,政理称举,学校渐兴。关陇清晏,百姓丰乐,自长安至于诸州,皆夹路树槐柳,二十里一亭,四十里一驿,旅行者取给于途,工商贸贩于道。"(《晋书·苻坚载记》)但王猛死后,前秦的政治逐渐衰败,苻坚又自恃强盛,利令智昏,于公元383年一意孤行地发动了对东晋的淝水之战。结果惨遭失败,前秦遂渐瓦解灭亡。在前秦统一中原后,苻坚命氐人吕光带兵经营西域。淝水战败后,长安危急,吕光领兵回救长安,至姑藏(今甘肃武威)时,苻坚被羌人姚苌所杀。396年吕光遂在姑藏建立政权,称大凉王,史称后凉。后凉政权在吕光死后,统治阶级上层矛盾尖锐,政治混乱,遂于403年亡于后秦。

氐人除到关中、河西建立政权外,还有数次大批的迁徙。如早在汉末建安中,曹操一次就徙武都氐人五万余落出居扶风、天水界(今陕甘交界之天水、宝鸡一带)。三国时还不断地迁徙,但数量一般不太多,并且多在秦陇地区。迁徙数量最大,而又迁至中原的,是苻坚统一北方后,为了加强对中原的统治,遂迁武都一带氐人十五万户于关东重要诸镇。迁离故地的氐人,在长期与汉人居处中,遂渐渐融合于汉族。就是留居故地武都一带的氐人,有的在与汉族的密切接触中,也渐渐被融合了。及至唐代初期,住今青藏高原的吐蕃政权兴起,曾一度统治过武都一带。没有被汉族融合的氐人,又因长期受吐蕃之影响,遂渐渐融合于吐蕃。即使处于闭塞地区而未被融合的部分,中原汉族也以"番人"看待他们,统称他们为番。所以,隋唐以后,氐的称号便在史籍中消声匿迹了。

现今甘肃和四川交界的文县、平武一带,汉魏南北朝时期就是氐人居住活动的地区。由于这一带的特殊地理环境,受外界影响较小,这里的少数民族,据宋元明清的有关记载,都称他们为氐羌遗种的番人。解放后又称他们为"藏族"。现在他们有一万多人,在语言、穿着、风俗习惯、宗教信仰等方面,都与藏族有很大的差异。有些学者根据历史资料和他们的现状分析,认为他们是氐人的后裔,这是很有可能的。

氐族,在历史上是个较大的民族,在创造中华民族历史中,是有贡献的。现在氐族的绝大部分已不复存在了,但其历史功绩是不可泯灭的。

西　羌

李绍明

　　西羌,亦称羌,是古代我国西部历史悠久,分布广泛,而影响深远的一个少数民族。但也有人认为,羌是古代对西方众多少数民族的泛称。羌,《说文·羊部》解释为"西戎牧羊人也"。说明原从事畜牧,并以养羊为特征。羌人对祖国的缔造贡献很大,先后建立过许多地方政权,在五胡十六国中曾建立后秦国。

　　羌人的族源,据《后汉书·西羌传》说:"西羌之本,出自三苗,……及舜流四凶,徙之三危。"认为他们系从南方迁到西方的,而更古的传说,以为羌人早就居于西北,我国农业的始祖炎帝即生于姜水,并以姜为姓。目前学术界一致的看法认为"姜"是羌人中最早转向农业的一支。后来炎帝的姜姓部落与黄帝的姬姓部落,在日益密切的关系中结成联盟,逐渐构成华夏族的主体,即后来汉族的核心。中国人至今泛称"炎黄子孙",说明古代的羌人对缔造伟大祖国的卓越贡献。

　　甲骨文中记载着殷代大量羌人活动的情况。当时羌是殷王朝众多方国之一，又称"羌方"，主要分布在今甘肃、陕西西部、山西西南及河南西北一带。殷初与羌人有着密切关系。《诗·商颂·殷武》："昔有成汤，自彼氏羌，莫敢不来享，莫敢不来王。"说明羌人已臣服于殷。殷王朝还不断对羌人用兵，大量俘虏他们做奴隶，有时还残酷地使用羌奴作为祭祀鬼神的人牲。羌人奴隶是殷代奴隶阶级的主要构成者。殷王朝对奴隶的压迫，致使大量羌奴逃亡，故甲骨文中多有"追羌"、"执羌"的记载。在羌奴的反抗下，殷代晚期，以他们作人殉的情况已大为减少。在羌人和其他被奴役者的不断反抗下，终于覆灭了殷王朝。《尚书·牧誓》记载参与周武王讨伐商纣的有庸、蜀、羌、髳、微、卢、彭、濮八族，羌居其一。

周代与羌人的关系更为密切。西羌中姜人原与周人为邻，居于渭水支流岐水流域，故《水经注·渭水》说，岐水"东径姜氏城南"，故称羌水。传说周人的始祖名"弃"，乃是姜人之女姜嫄的儿子，故周人又奉姜嫄为始妣。整个周代，周人和姜人长期结成婚姻联盟，相互支持。比如周武王妃邑姜，周成王妃王姜，都是姜人之女；周王朝建立以后，又相继分封了不少姜姓的诸侯国，如齐、吕、申、许、纪、向、州、彰、厉等，作为周朝的屏藩。周代，这些姜姓封国在开发祖国疆土中发挥了很大的作用。如齐国受封于山东半岛，这里的自然条件很差，"舄卤，少五谷，而人民寡"（《汉书·地理志下》），经过齐国"劝以女工之业，通鱼盐之利，而人物辐凑"（《史记·齐太公世家》）。又如申、吕、许诸国，被分封于今河南许昌、南阳一带战略要地。这些封国的建立，不仅巩固了周朝的统治，而且还使周的声威远达于江、淮地区。此外，还有纪（今山东寿光）、向（今安徽怀远）、州（今山东安丘）、彰（今山东安平）、厉（今湖北随县）等姜姓封国，也都起了重要作用。作为羌人中生产水平最高，接受中原文化最多，且与周

王朝关系最密切的姜人，历周世已基本融合于华夏人当中。

东周时，在西北的戎人大量涌入中原，散居各地，对当时的政治、经济影响很大。《后汉书·西羌传》说："自陇山以来，及乎伊、洛，往往有戎，……当春秋时，间在中国，与诸夏盟会。"戎，又称西戎，乃是华夏人对西方一些族源不同，而经济发展水平又大体相同的相邻的诸族的泛称。羌人是西戎的主要成分，但西戎并非全部都是羌人。西戎中的义渠戎与姜戎就显系羌人。义渠分布于岐山、梁山、泾水、漆水以北(今甘肃庆阳、泾川一带)，春秋时，自称为王，势力强大，成为秦国称霸的障碍，双方不断发生争战。周赧王四十五年(前207)为秦所灭，以其地分置陇西、北地、上郡。姜戎，原居瓜州(今甘肃敦煌)，襄王时其首领吾离率众东迁于晋国南部荒凉山区，对开辟今山西南部一带贡献很大。春秋时，秦国向西开拓，兼并和融合了西北大量的戎人、羌人。战国初，分布在黄河上游和湟水流域的一部分羌人，还处于原始社会末期，生产水平较低。传说有一名叫爰剑的羌人，在秦厉公时被秦俘为奴隶，后逃归河、湟间，被羌人推为首领。他教羌人从事农耕与畜牧，促进了当地生产的发展。秦献公时，河湟羌人的人口有了较大增长，兼之受秦国的威胁，因而造成向外的大迁徙。向南迁到今甘肃、四川一带的有所谓的武都羌、广汉、羌越巂羌等等。向西迁到西藏的有发羌、唐旄等等。根据考古资料，羌人的先民自河湟向外迁徙为时甚早，但此为见于记载的首次。

公元前206年，西汉王朝建立。这时，进入中原的羌人已基本与汉人融合，未进入中原的羌人，大部分分布于长城以西及河湟一带，部落繁多，不相统一，时常发生纷争。他们或以动物之名为号，如白马、参狼、旄牛、黄羊、黄羝等；或以地名为号，如勒姐、卑湳等；或以父名为号，如烧当羌的滇良——滇吾——东吾等。诸羌中初以先零羌为强大,游牧于今青海湖一带,屡向外扰掠,东汉初被陇西太守马援征服,迁于今甘肃东部和陕西西部。烧当羌是继先零羌之后兴起的一支羌人,原居大允谷(今青海贵德西),东汉初扩展到大榆谷(今青海北部),常与东汉王朝发生争战,和帝时被汉击败,一部分内迁,一部分西徙依附发羌。此外,在新疆有婼羌,从昆仑山北麓直到葱岭以西,东西延袤数千里。在今内蒙古额济纳旗古居延海一带也有羌人居住。在今甘肃、青海交界处,延至四川西北以至西南,是羌人另一大聚居区,有白马、参狼、牦牛、青衣、冉駹等部落杂居其间。汉王朝为了加强对诸羌的统治,先后在上述地区设置了一些郡县。如今甘、青一带有陇西、金城二郡,今甘、陕接界处有武都郡,今川西和川南有汶山、汉嘉、沈黎、越巂等郡。此外,还置有护羌校尉、属国都尉等官职,以管理游牧的或初归附的羌人部落。

东汉时,西北的羌人在汉族统治阶级的强迫下自行地向内地迁徙。内迁的羌人又分为两支,分别称为东羌和西羌,均在今陕西西部和甘肃东部。他们虽然和汉族人民友好相处,但却遭到东汉王朝以及地方豪强的欺压。羌人不堪压迫,曾先后举行了三次大起义。第一次在安帝永初元年(107)至顺帝永建元年(126),历时十余年;第二次从顺帝阳嘉四年(135)至永和六年(141),历时六年;第三次从桓帝延熹二年至六年(159—163),历时五年。三次大起义共持续六十余年。起义的羌、汉人民遭到东汉王朝的大量屠杀,但也沉重地打击了封建统治者,东汉政府为此耗费三百六十余亿,财政为之枯竭。当黄巾起义爆发后,先零羌人立即联合湟中的义从胡起而响应,共同推翻了东汉王朝。

公元三世纪初,东汉王朝崩溃,社会动荡不安,战争连年,历经三国、魏、晋几代,北方民族的分布也发生了很大变化,终于形成

"五胡十六国"的分割局面。羌人是五胡中的重要一员,此时南安赤亭(今甘肃陇西县东)羌人姚苌,继前秦之后,于386年在长安建立了后秦政权。后秦封建政权汉化较深,特别是姚苌子姚兴当政后,采取了一些有利社会发展的措施,一时颇为兴盛。但由于后秦处于北魏与东晋两大国之间,发展不易。姚兴死后,后秦于417年为东晋所灭。

后秦之后,今甘肃南部有宕昌、邓至两支羌人相继兴起。宕昌羌在洮河以东,白水之北,渭水以南地区。北魏太武帝太平真君九年(448),宕昌酋帅弥忽附魏,被封为宕昌王,直至北周武帝保定四年(563),宕昌王为北周所废,以其地置宕州。邓至羌在白水流域,故又称白水羌。北周武帝时遣使朝贡,其酋被封为邓至王,直至西魏恭帝元年(554)以后,才逐渐衰落以至泯灭。这两支羌人先后存在约一百四十年,与南北朝均有交往,对当地开发有着贡献。

隋、唐时又有一些新的羌部兴起,在原宕昌羌地有党项羌;党项以西今青海南部有白兰羌;今四川阿坝、甘孜两州及藏东昌都一带有西山诸羌,号称"西山八国",其中以居于昌都的东女国最强大。唐初吐蕃兴起于雅鲁藏布江流域,势力东渐及于诸羌地区。诸羌中除党项羌大部分迁至今宁夏、甘肃及陕北,并于北宋时建立西夏政权外,其余的周旋于唐、蕃之间,其后多融合于吐蕃。这就是唐代以后羌人在绝大多数地区不再见于记载的原因。仅有四川岷江上游这一部分羌人,由于多种原因得以延续至今,成为祖国大家庭里的一个兄弟民族。宋、元时岷江上游的羌人被泛称为蛮或夷,明、清以来又恢复了羌的称谓。明初在这里建立了土司制度,清初开始改土归流,迄至道光六年(1826)羌区的改流才基本完成。新中国成立以后,在这里建立了茂汶羌族自治县。

党项族

吴天墀

　　党项是我国古代羌族中的一支,它早期的活动中心,在今青海省东南部黄河河曲一带。这里有雄伟的高山,奔腾的大川,辽阔的草原,党项人夏冒烈日,冬搏风雪,狩猎游牧、生息繁衍在这广阔的地区。艰苦的高原生活环境,把他们锻炼成为一个习苦耐劳、奋发乐观、富于战斗精神的民族。他们按照从氏族分化出来的家族结成部落,各自分立,没有法令、徭赋,也没有文字、历法,以草木的枯荣来记岁时。

　　到了公元 6 世纪,西羌衰微,党项才初露头角,《北史·党项传》是我国史书中有关他们的最早记载。从公元 585 年党项大首领拓跋宁率部到旭州(今甘肃临洮县境)归附隋朝开始,党项部落大批内附和内迁。到唐代后期,内迁的党项人形成三大部分:定居于甘肃东部的东山部落,定居于夏州(今内蒙和陕西交界处)的平夏部落,定居于陕北的南山部落。留在原地的党项人被东进的吐蕃所统治,被称为"弭药"(别译有:缅药、穆纳、母纳、木内、木雅、弥娥、密

纳克、敏里雅等等)。党项内迁后,与先进的汉族经济、文化接触多了,生产力迅速发展,部落中贫富差别加大,开始出现阶级,氏族社会瓦解,党项进入了以家内奴隶制为特征的奴隶社会。

唐朝末年,中央统治力量削弱,党项首领拓跋思恭占领宥州(今陕西靖边东),自称刺史。不久,他出兵参加镇压黄巢起义,被唐僖宗封为定难军节度使,辖夏、银、绥、宥四州,并晋爵夏国公,赐姓李,夏州的李(拓跋)氏地方割据政权从此开始。经九传,到了宋代初年,李氏家族发生权力纷争,李继捧率领一部分人投附宋朝,继捧的族弟继迁不从,打出保有祖宗故土、维护党项利益的旗号,团结党项部落进行反宋斗争,并取得了很大胜利。为增强实力,李继迁设置官吏,发展生产,学习汉族文化,使党项开始了封建化过程。继迁子德明、孙元昊继续加强中央集权制,增强军事、经济力量,于是,元昊在1038年称大夏皇帝,建都兴庆府(后改称中兴府,在今宁夏银川市),国号大夏,这标志着党项社会封建化过程已经基本完成。

大夏是一个以党项族为主体的多民族王国,在党项语中,称大夏为"邦泥定",意为"白上国",即崇尚白色的国家。而在宋朝的史书中则称大夏为西夏。西夏"东据黄河,西至玉门,南临肖关(今宁夏同心县南),北抵大漠,境土方二万余里"(《宋史·夏国传》),先同北宋和辽,后同南宋和金形成三足鼎立的局面。党项族的历史进入极盛时代。

当然,和宋、辽、金相比,西夏是相对弱小的。所以,从李继迁开始,就极力与宋、辽(后来是金)斡旋,利用矛盾,在夹缝中发展,而且,在军事上,特别在对宋的战争中屡获胜利。党项人肤色黧黑,身材高大,体魄健壮,勇敢善战,军事组织严密,战斗力很强。有一种被称为"步跋子"的步兵,"上下山坡,出入溪涧,最能逾高超远,轻足善走";还有一种叫"铁鹞子"的骑兵,"最能倏(shū)往忽来,若电集云飞"(以上见《宋史·兵志》)。加之党项的领袖人物如李继迁、李元昊等,又擅长战争艺术,颇具指挥才能,因而往往能够以少击众,击败敌手。

党项本是游牧民族,内迁后仍以畜牧业为主。河西和河套地区本是优良牧场,党项人在这里放牧马、牛、羊和骆驼。党项马尤为出名,唐代诗人元稹在《估客乐》中写道:"求珠驾沧海,采玉上荆衡;北买党项马,西擒吐蕃鹦。"党项人就是用他们的"善马劲羊"等畜产品来换取汉族地区的粮食、食盐、丝绸和生产工具的。

不过,能够经常吃到粮食,穿上绸衣的人并不多,大多数党项人还是吃肉喝乳,穿戴皮毛的。他们一般头戴毡帽,脚蹬皮靴,身穿毛织布衣或皮衣,腰间束带,上面挂着小刀、火石袋等小什件。党项人早年是披发、或者蓬首,后来元昊下秃发令,限全国人民在三日之内剃光头顶,从此"剃发,穿耳戴环"就成了党项人(也包括西夏境内其他民族)的标准形象。司马光的《涑水纪闻》里记载过一个故事,说庆历年间,元昊包围了宋的麟州,麟州守将苗继宣募人突围求援,有个叫王应吉的应募。苗问:"你需要多少人跟你去?"王说:"如今敌人重重包围着城池,带人没有用,我愿意剃掉头发,换上党项人的服装,带上弓箭,夜里用绳子缒城而出,如果遇到敌兵盘问,我就用党项语回答。"结果,真叫他混出重围去了。至于党项的上层分子,则喜穿轻软华丽的丝绸衣服,男穿团花锦袍,女着绣花翻领长袍。元昊建国后规定,文官戴幞头,穿靴,执笏,按官品高低穿紫衣或绯衣,武职则戴金帖起云缕冠、银帖间金缕或黑漆冠,穿紫色左大襟的长袍,束带,带上挂解结锥、短刀、弓衣。民间服装只能用

青、绿色。元昊本人却采用吐蕃赞普和回鹘可汗的服制,衣白色夹衫,戴红色里子的毡冠,冠后垂红飘带。顺便提一句,党项的贵族官僚是不剃发的。从现存安西榆林窟西夏供养人图像来看,我们可以对党项的服饰发式有一个直观的印象。

党项早期大约并无房屋,从他们称一家为一帐来看,似有过帐篷一类东西。内迁以后,受汉族影响,开始建造简单的住房,就是在木架结构上盖上毛毡,和帐篷相差不远。这种住房的形式是一排三间,中间一间是供神用的。左右两间住人。而统治阶级的房屋气象就大不相同了,元昊建国后规定有官爵的人,房屋才能盖瓦,而皇族的宫殿就更加富丽堂皇了。元昊在兴庆府修建的避暑宫极为壮观,后在贺兰山东麓建离宫,周围数十里,台阁高十余丈,所役丁夫数万人。已同内地宫廷相差无几了。

党项内迁后,地处丝绸之路要冲,境内地形又极其复杂,而政治、军事、经济、文化等方面的发展,对交通的依赖愈来愈强。党项人牧养的马、牛、骆驼或作驮运,或挽车辆,或传文书,或供骑坐,是陆上的主要交通工具。党项人的水上交通工具颇具特色,他们把牛羊杀死,从头部掏除肉和骨头,扎紧头和四肢,灌进奶酪一类的东西,使皮鼓胀柔软,叫做"浑脱",把若干"浑脱"联结起来,制成皮筏子,更可装载重物,且不怕急流险滩。

党项人的婚姻是男女自主,不搞父母之命、媒妁之言那一套,但残留着原始社会群婚的痕迹,盛行收继婚制,"妻其庶母、伯叔母、兄嫂、子弟妇,惟不娶同姓"(《旧唐书·党项传》)。人死则用火葬,贵族富家的火葬非常铺张浪费,死者亲属先在灵柩必经之道中,建造一所木屋,盖上华丽的绸缎,灵柩到了,屋中的人要呈献酒肉等多种食品,到了焚尸场所,要焚烧纸扎的人、马、骆驼和钱币,送葬的乐队更是敲打得十分热闹。党项的王室、显贵从李继迁开始,就不再火葬,而改为土葬,起陵作墓,一如汉人制度。

党项人聚族而居,家族观念浓厚,重视乡里感情,崇尚团结互助。元末唐兀人(元代对西夏遗民的称呼)余阙写过一篇《送归彦温赴河西廉访使序》,文中说:"予家合肥,合肥之戍,一军皆夏人。人面多鬈黑,善骑射,有身长至八九尺者。其性大抵质直而上义,平居相与,虽异姓如亲姻。凡有所得,虽箪食豆羹不以自私,必招其朋友。朋友之间有无相共,有余即予人;无即取诸人,亦不少以属意(不在乎)。百斛之粟,数千百缗之钱,可一语而致具也。岁时往来,以相劳问。少长相坐以齿(年龄)不以爵。献寿拜舞,上下之情怡然相欢。醉即相与道其乡邻亲戚,各相持涕泣以为常。予初以为此异乡相亲乃尔(才这样),及以问夏人,凡国中之俗,莫不皆然。"这虽然是西夏灭亡后的事,但以前的党项族的社会风土人情当与此类似。

当然,党项人内部,特别是异姓部落之间也有纷争,特别流行血亲复仇的习俗。族人被异姓人杀死,族人有义务为他复仇,"若仇人未得,必蓬头垢面,跣足蔬食,要斩仇人而后复常"(《旧唐书·党项传》)。如果敌对双方有一方在办丧事,彼此就停止攻战。党项人还有一种叫"麻魁"的女兵,更是复仇的能手,她们冲到仇家,不但能大打出手,而且能放火烧屋,即便不能完全得手,但党项人素来迷信,认为女兵进家,以后也会倒霉。因此,人们对这些女中丈夫都颇为害怕。元昊建国后,也没有设立法官,只是按习惯法处理案件,杀人致死者,赔命价一百二十千钱,或赔偿不定数量的牲畜。

党项内迁后,与汉族的文化交流也日益增多。党项的绘画、建筑、雕塑都达到了很高的水平,党项人喜欢的乐器——羌笛,传入汉族地区,"羌笛何须怨杨柳,春风不渡玉门关"、"羌管悠悠霜满

地,人不寐,将军白发征夫泪"的诗词名句已传颂千古。党项人也很喜欢汉族的歌谣,所以沈括在延州任职时说:"万里羌人尽汉歌。"爱好宋词的人都知道一句有名的话:"凡有井水处,即能歌柳词。"(见叶梦得《石林避暑录话》卷三)但许多人并不知道这是一个西夏归明官说的。可见柳永的词作在党项人中也拥有大批知音呢!

党项语属汉藏语系的藏缅语族,与今四川的羌族语和敏里雅语很相似,也和今日的彝语和纳西语有较亲近的关系。党项学者们根据党项语的特点,吸取汉字的造字方法,确定一些部首和偏旁,组成表意文字,于元昊称帝的第一年开始正式颁行,从而为西夏政治、文化的发展开辟了新纪元。许多汉文书籍,如兵书、历书、医书和儒家经典,都被翻译成西夏文,并雕版印刷出来,广为流传。西夏文一直使用流传了五百多年,约在明朝后期,已无人认识。1910年俄国人科兹洛夫在今内蒙哈拉浩特(黑城)掘得大批西夏文书籍,其中有一部西夏人骨勒茂才在公元1190年编写的《蕃汉合时掌中珠》,这是一部西夏文、汉文合璧的袖珍字典,有了它,经过中外学者的努力,又能释读西夏文了。

西夏从元昊建国起,传十帝,经过近两百年的时间,国力逐渐衰落,于1227年被成吉思汗统帅的蒙古大军所灭。西夏政权的灭亡给党项人带来了一场大灾难。留在原地的党项人被蒙古贵族统治,后来逐渐与西北各民族(包括汉族)融合;东逃一支入宋,定居在今河南西南部,后与中原汉族融合;另一支南渡洮河经松潘草原,沿金川河谷南下,到达今甘孜藏族自治州的木雅地方,并建立了一个小政权,又存在了四百七十多年,这部分党项人基本融合到藏族中了。不过,这些被称为木雅藏的藏民,至今在建筑、服饰、习俗、语言上,还保持了与藏族不同的某些特点。

敕 勒 族

吴　焜

"敕勒川,阴山下。天似穹庐,笼盖四野。天苍苍,野茫茫,风吹草低见牛羊。"(《乐府诗集》卷八六)

这首短短的《敕勒歌》,千百年来,在我国北方民间久诵不衰,它形象地描绘了古代中国北方敕勒族人民的生活和精神面貌。敕勒族在我国历史的发展过程中,对祖国的统一和历史文化发展,都作出了重要的贡献。

从大量出土的古遗物中证明,远在旧石器时代和新石器时代,大漠南北的草原地带就是我国北方各少数民族人民活动的大舞台了。敕勒族,就是活跃于这个大舞台上,中国古代最北方的一支古老的少数民族。

"敕勒"民族,在历史上曾有过许多名称。敕勒族之前身为"狄族",最早有"赤狄"、"赤翟"、"狄历"等名称。如《北史·高车传》载:"高车,盖古赤狄之余种也。初号为狄历。"《左传》鲁宣公六年(前603)记:"赤狄伐晋,围怀及邢丘。"《史记·匈奴列传》云:"晋文公攘

戎翟,居于河西圁、洛之间,号曰赤翟。"在秦汉、魏晋南北朝时期,敕勒人还被称为"丁零"。魏晋时期,敕勒又称为"高车",因该族"乘高车,逐水草"[①],"诸夏以为高车、丁零",故称"高车"。不过,在对这个民族的名称书写时,还有所不同。《史记》、《汉书》、《后汉书》各写成"丁零"、"丁灵"、"丁令",《山海经》里又写成"钉铃"。"敕勒"一名的出现,也是在魏晋南北朝时期。《北史·高车传》云:"北方以为敕勒,诸夏以为高车、丁零。"

关于敕勒族的形成,是融合而成,还是别部或自成一体,至今尚无定论。《北史·高车传》载:"高车盖古赤狄之余种也。初号为狄历。"由此可见,敕勒族是由早期的赤狄部发展而来的。从古代的一些史籍里可以看出,春秋战国之际,北方各少数民族大都以"戎"或"狄"之名出现在史书中。秦汉之后,"戎"和"狄"已有所区别,一般把居于大漠以北的各少数民族称"狄",把居于西北地区的各少数民族称"戎"。古代的"狄"又写成"翟",是一个古族名。大约在公元前七世纪,狄族分裂成几部,有"三狄"、"五狄"和"八狄"之说。"三狄"中包括赤狄。《礼记·王制》正义引李巡《尔雅注》上列出了五狄,即月支、秽貊、匈奴、单于、白屋。在古代北方各族中,赤狄与匈奴的关系较其他各族更为密切。《北史·高车传》载:

俗云:匈奴单于生二女,姿容甚美,国人皆以为神。单于曰:"吾有此女,安可配人?将以于天。"乃于国北无人之地筑高台,置二女其上……乃有一老狼,昼夜守台嗥呼,因穿台下为空穴,经时不去。其小女曰:"吾父处我于此,欲以于天,而今狼来,或是神物,天使之然。"将下就之。……下为狼妻而产子。后

---

① 《北史·高车传》,以下引文未标明出处者均引自《北史·高车传》。

遂滋繁成国。

尽管这段文字记述带有浓重的传奇色彩，但我们从中可以得到一些启发。其一，"狼"可能是被敕勒先人当作神物即图腾崇拜。其二，敕勒族的先人和匈奴的先人有过婚姻关系。匈奴和赤狄都是"狄"族，又是不同的民族部落群，而"狄"族又确是我国的一个古老民族，它们之间有婚姻关系是不奇怪的。

我们再从其他方面来比较分析，还可以看出，敕勒与匈奴之间有很多相同或相似之处。一、语言。《北史·高车传》记："其语略于匈奴同而时有小异，或云：其先匈奴之甥也。"前一句说明匈奴和敕勒之间的语言大同小异，后一句更证明了匈奴和敕勒间有血缘上的关系。二、生活方式。匈奴人"随畜牧而转移"，"咸食畜肉，衣其皮革，被旃裘"（《史记·匈奴列传》），这一点与敕勒人相同。三、畜牧的种类。匈奴人"畜之所多则马、牛、羊"（《史记·匈奴列传》），这与敕勒人亦相同。敕勒族的形成当是由赤狄和匈奴融合后发展而来的一个民族。

赤狄部以后又分裂成六个部落，"曰东山皋落氏；曰廧咎如；曰潞氏；曰甲氏；曰留吁；曰铎辰"[1]。但赤狄部分裂后，实际并非就这六大部落，这六部仅指迁徙到大漠以南的。其时移居到大漠之南的赤狄部还有许多，只不过那些氏族的势力都比较弱小，故史书所载语焉不详。敕勒人早期的牧居地是在匈奴之北的北海，即今天的贝加尔湖一带。在春秋战国时期，敕勒势力颇强大，且常常南下进攻华夏各政权之地。我们从《春秋》、《左传》及其他的史籍上都可看到这方面的记述。但是，在华夏各政权的反击之下，敕勒各部一蹶不

---

[1] 《中国奴隶社会史》，金景芳著，第264页。

振。随着匈奴势力的日益强大,在冒顿单于时期,驻牧于北海一带的敕勒人被征服,驻牧地也被匈奴占领。公元一世纪中叶,匈奴政权衰败了。敕勒人为了摆脱匈奴的压迫,大部分趁机逃走,"俱去匈奴单于庭安习水七千里,南去车师六国五千里,西南去康居界三千里,西去康居王治八千里"[①]。南奔的一支敕勒人,他们逃到了今甘肃河西走廊一带,同当地的人民融合到一起,对这一地区农业生产的发展作出了贡献。向西迁徙的一支,抵达今天的新疆阿尔泰山和塔尔巴哈台一带,最远的达今天里海一带。此后,敕勒人向周围其他地区时有迁移,其中南归者居多。据载,五胡十六国时,有许多敕勒部落首领曾在中原活跃一时,如翟斌、翟檀、翟真、翟成、翟辽、翟钊等。在今晋冀境内就有定州丁零、中山丁零、北地丁零等丁零部落居住。敕勒人的南迁,在南北朝时达到了高峰。

从敕勒人活动的踪迹来看,敕勒人游牧的地域比以前的确是扩大了,东起贝加尔湖畔,西到里海之滨,南到中原。从此,辽阔富饶的大漠南北成为敕勒人的生息之地。

继春秋时期赤狄部分裂后,约在秦汉时期,漠北敕勒又继续分化,见于史书记载的,主要有六大部落,"其种有狄氏、袁纥氏、斛律氏、解批氏、护骨氏、异奇斤氏"(《魏书·高车传》)。到魏晋南北朝时,漠北敕勒又分裂成十二大姓(即十二个大氏族部落),"一曰泣伏利氏,二曰吐卢氏,三曰乙旃氏,四曰大连氏,五曰窟贺氏,六曰达薄干氏,七曰阿仑氏,八曰莫允氏,九曰俟分氏,十曰副伏罗氏,十一曰乞袁氏,十二曰右淑沛氏"(同上)。其实,分裂后的敕勒部落绝不仅此,还有许多的氏族小部落,但史书上都没有详细记载,所

---

① 《三国志·魏书·乌丸鲜卑东夷传》引裴松之注《魏略》。

以我们也很难做出确切的统计。敕勒族似乎一直处于氏族部落的分裂状态,直到这个民族在历史上消失前,都没有形成大统一的局面,它们"无都统大帅"来总领各部,但各部皆自"有君长"领导。尽管敕勒人始终处于分散的氏族生活状态,然而,随着人类社会的不断进步和发展,这种氏族部落的社会性质必定不同于早期原始人类社会时期的氏族部落了。最为显著的一个特征就是在敕勒族部落的内部出现了私有制,"其畜产自有记识"(同上),内部亦产生了阶级。《魏书·高车传》记:"阿伏至罗又残暴,大失众心,众共杀之,立其宗人跋利延为主。"这种内部争权夺利与人民反抗统治者残暴统治的斗争,实质上就是阶级斗争的突出表现。

敕勒族长期活动于漠北草原区,以游牧为主,同时还兼有狩猎。敕勒人过着随水草而迁徙,衣皮食肉的生活,畜牧种类以马、牛、羊、骆驼为主,畜牧业甚为繁盛。北魏时,敕勒人又有了自己的手工业,除了毛织等手工业外,敕勒人的造车业也颇为有名。他们造的车"车轮高大,辐数至多"(同上)。

敕勒人的原驻牧地是没有农业的,迁居于漠南的敕勒人,受到了农业经济生活的直接影响,经过一段时间的生活后,"渐知粒食"(同上),逐渐学会了农耕。农业的出现,既丰富了敕勒人的生活,更加快了他们在这一地区的汉化过程,促进了该民族的社会发展。五世纪中叶,敕勒族"五部高车合聚祭天,众至数万。大会,走马杀牲,游绕歌吟忻忻,其俗称自前世以来无盛于此"(同上)。漠南一带被称为"敕勒川"。

敕勒族是一个具有悠久历史的民族,它同古代北方各民族一道,共同创造了北方的草原文化。但是,由于该族的社会发展比较缓慢,所以其文化还是比较落后。敕勒人始终没有创造出自己的文

字,这就是我们今天看不到该民族自己的文史资料的重要原因。敕勒族人民性格豪放,"为人勇健敢战"[1],能歌善舞,"男女无大小,皆集合,平吉之人则歌舞作乐"(《魏书·高车传》)。

　　敕勒族在历史上与中原地区的关系,有联合友好,也有激烈的战争,其中"战争"又贯穿着历史发展的始终。从历史上来看,敕勒与中原各政权之间的磨擦从未间断,而大规模的战争,大致可分为两个时期:一是春秋战国时期赤狄南进;二是南北朝时期北魏对敕勒进行的统一战争。

　　春秋战国时期,是敕勒势力在历史上最为显耀强盛之时。《左传》记鲁宣公六年(前603):"秋,赤狄伐晋,围怀及邢丘。"宣公七年(前602):"赤狄伐晋,取向阴之禾。"《春秋》鲁庄公三十二年(前662)记:"狄伐邢。"僖公十三年(前647)记:"狄侵卫。"僖公十四年(前646)记:"狄侵郑。"……这充分说明敕勒势力确是强盛的。但在华夏各政权的反击下,敕勒各部终不能敌。一部分敕勒部落归回华夏政权下,一部分部落又回到大漠之北,敕勒势力从此衰落了。南北朝时,敕勒势力又发展起来。《北史·高车传》载:"常与蠕蠕为敌,亦每侵盗于魏。"北魏道武帝拓跋珪曾多次发兵攻打,"车驾北巡,分命诸将为东西二道,道武亲勒六军从中道,自驳騔水西北,徇略其部,诸军同时云合",大破敕勒三十余部。同时,再遣兵绝漠千里,破散逃敕勒七部。经过多次打击,"高车大惧,诸部震骇"。很多敕勒部落首领率部归服北魏。至此,除贝加尔湖东部敕勒外,基本上都统一于北魏王朝政权之下。

　　牧居于贝加尔湖畔东部敕勒"人畜甚众",势力强盛。公元429

---

[1] 《三国志·魏书·乌丸鲜卑东夷传》引裴松之注《魏略》。

年,拓跋焘并发"新附高车合万骑,至于巳尼坡(即今贝加尔湖东一带),高车诸部望军而降者数十万落"。余下尚未归附的少数敕勒部落为柔然、哌哒、匈奴等所役属了。约到魏明帝(516—528)初,敕勒各部基本上都同其他民族融合到一起。至此,敕勒族在历史上消失了。

敕勒族,是我国古代北方少数民族的分支。敕勒人民用自己辛勤的劳动和智慧,开拓了我国北部广阔的疆土,为祖国的历史写下了光辉的一页。它创造了东自贝加尔湖畔,西至里海一带辽阔的草原文化,从而成为我国草原文化的缔造者之一。同时,敕勒族人民对开发漠南地区及中原地区古代经济也作出了重要的贡献。

突 厥 族

邱久荣

　　唐武德九年(626)八月,东突厥颉利可汗亲率十多万大军南侵。一时间,陕北高原黄尘滚滚,关中腹地马鸣萧萧。很快,突厥的前锋已达渭河北岸。这时,距离"玄武门之变"只两个月,李世民登上皇位才二十天,集结在长安附近的唐朝军队也很难击败入侵者。京城震动。李世民当机立断,只带随从六骑,驰赴渭河便桥,会见颉利,当面责其负盟之过,又陈兵于渭河南岸以示军威。颉利可汗不明虚实,只好请和而还。

　　突厥族如此强大,英武如唐太宗李世民都不敢轻易与之交战,并非偶然,这要从它的历史讲起。突厥是继匈奴、鲜卑、柔然之后统治塞外大草原的我国古老民族。史称突厥为"匈奴别种",或"平凉杂胡",近代学者也有人认为它属于"狄种"。实际上,突厥是古代居住在匈奴之北的丁零一支,与后来的高车、铁勒属同一族系,其语言属阿尔泰语系突厥语族。公元六世纪初,游牧于金山(今阿尔泰山)一带,因金山形似兜鍪(战盔),突厥语称兜鍪为"突厥",是以山为号。贵族姓阿史那氏。最高首领称可汗,一般是立长者,兄终弟及;因统治地域辽阔,又往往按地域分设数个方面可汗,即小可汗。以狼为图腾,在"所生子皆以母族为姓"的母系氏族公社社会时,就有了以狼为图腾的传说;其建国后,"旗纛之上,施金狼头"(《周书》卷五十)。

突厥见于文献记载始于《周书》。当时突厥役属于柔然,因为他们善于冶炼业,号称"柔然铁工"。至酋长土门时,部落渐强盛,西魏废帝元年(552),土门打败柔然,建立突厥汗国,土门自号伊利可汗。至西魏恭帝二年(555),木杆可汗完全消灭了柔然势力,从而控制了北方大草原,建牙庭(都城之意)于鄂尔浑流域的于都斤山(今蒙古杭爱山的东支),其疆域东至辽海(今辽河流域),西达西海(前苏联里海),南至沙漠以北,北至北海(前苏联贝加尔湖)。至此,突厥成为雄踞北方大草原的强大民族。

正当突厥兴起之时,他的南邻北齐和北周争战不已,所以齐、周争与突厥和亲,结以为援。其时北周每年送给突厥缯彩十万段;北齐惧怕突厥南下,"亦倾府藏以给之"。突厥他钵可汗非常得意地说:"但使我在南两个儿孝顺,何忧无物邪。"(《周书》卷五〇)周末隋初,突厥贵族在汗位继承问题上发生了深刻矛盾,"昆季争长,父叔相猜"(《隋书》卷八四)。隋文帝采取长孙晟"远交而近攻,离强而和弱"的政策,行离间之计。遂使突厥诸可汗之间相互残杀,并于开皇三年(583)分裂为东西两部,东部称东突厥或北突厥,西部称西突厥。

东突厥:分裂之后,东突厥为西突厥所迫,又畏契丹攻击,因此沙钵略可汗改变了与隋为敌的态度,遣使通好称臣,经隋文帝的同意,部落南迁,寄居白道川(今内蒙古呼和浩特市北)。在隋的支援

下，屡败西突厥，从而渐渐强大起来。后来，东突厥可汗之间发生了
纷争，开皇十八年(598)，北面小可汗染干兵败逃至长安。隋文帝以
染干为启民可汗，于朔州筑大利城(今内蒙古清水河县境)以居之，
并以义成公主妻启民。在隋强有力的支持下，启民以大利城为根据
地，再次控制了漠北大草原。启民时代，一直与隋保持亲密友好关
系，隋炀帝巡幸榆林(内蒙古准格尔旗东北)时，启民与义成公主亲
朝行宫，而炀帝也亲幸启民牙帐。中原王朝皇帝亲幸少数民族酋长
牙帐，这还是头一次。启民死后，东突厥与隋的关系又紧张起来。大
业十一年(615)八月，始毕可汗率兵数十万围炀帝于雁门(今山西
代县)，炀帝几乎丧命。其时，由于隋炀帝的暴政，不少中原地区的
人民北逃依附于东突厥；同时，契丹、奚、室韦、铁勒、高昌、吐谷浑
等也先后为东突厥所控制，使其达到了"控弦且百万，戎狄炽强，古
未有也"(《新唐书·突厥传上》)的强盛局面。所以隋末农民大起义
的北方各支农民起义军，如窦建德、高开道、魏刀儿、刘黑闼等都与
东突厥建立了密切联系，其中刘黑闼还得到了东突厥的军事援助；
北方各支地主武装割据势力，如刘武周、梁师都、李轨、薛举、王世
充等也都与东突厥相勾结，连李渊起兵反隋之后，也不得不向东突
厥称臣。而刘武周、梁师都、李轨还接受了东突厥所封的可汗名号。
至唐初，颉利可汗即位，屡屡向唐发动战争，并几度威胁唐的都城
长安。但是，由于颉利连年对外战争，受其役属的铁勒诸部如回纥、
薛延陀等相继叛离，再加上频年大雪，六畜多死，国中大饥，贵族之
间相互猜疑、攻残。在这种情况下，颉利加重搜敛诸部，所以叛者相
继。唐太宗充分利用了这一良机，于贞观四年(630)大举讨伐东突
厥，生俘颉利，余部纷纷请降，东突厥汗国遂亡。唐王朝十分重视这
次胜利，在宫中设宴庆贺，太上皇李渊亲弹琵琶，皇帝李世民随乐

起舞。李渊高兴地说:"这下总算洗掉当初对突厥称臣的耻辱了!"

东突厥汗国亡后,多数东突厥人或北逃薛延陀部,或西迁西域,还有十多万人降唐。唐太宗采取温彦博的建议,将降唐的这十万多人安置在五原一带的长城内外。贞观十五年(641),唐太宗以突厥贵族阿史那思摩为可汗,命其率领这批突厥人出塞,迁回故地,建牙庭于定襄(今内蒙古和林格尔西北)。不久,东突厥贵族斛勃乘机占据了突厥故地,自号车鼻可汗,与唐为敌。唐高宗永徽元年(650),车鼻可汗在金山被唐军击败,唐于突厥故地置羁縻府州,由单于大都护府(治所在云中,今内蒙古和林格尔西北土城子)、安北大都护府(治所初设在今蒙古杭爱山东端,后数南迁)分统之。至公元七世纪末,在贵族骨咄禄的领导下,东突厥再度复兴,但历时很短,天宝四载(745)终为新兴的回纥所灭。其地尽为回纥所有,其民也大多并入回纥。

西突厥:西突厥汗国亦为阿史那氏所建。开皇三年(583),阿波可汗被沙钵略击败后,西依达头可汗,据金山一带,是为西突厥。隋时,西突厥屡被东突厥击败,势力衰弱。唐初,在统叶护可汗领导下,国势渐强,有兵数十万,成为西域的霸国。但统叶护死后,西突厥统治集团陷于分裂,西域诸国相继叛离;而其本身也分裂为两部分,即碎叶川(今楚河)以东的五咄陆部和碎叶川以西的五弩失毕部,号为十姓部落。唐太宗初年,阿史那贺鲁统一了十姓部落。其时,唐屡派大军西征,显庆四年(659),唐大将苏定方等于碎叶川大败阿史那贺鲁,西突厥汗国遂亡。唐于其地置羁縻府州,隶属安西大都督府(治所在龟兹,今新疆库车)。这一部分突厥人分散于准噶尔盆地和中亚各地,他们当中大部分人后来成为回纥的组成部分,一部分西迁,后来在阿富汗建立了伽色尼王朝,在中亚建立了塞尔

柱克突厥王朝、奥斯曼突厥王朝。

突厥游牧于金山一带时，还处在原始社会末期，当时他们虽以游牧经济为主，但已有较发达的冶炼技术，所以被柔然称为"锻奴"。由于他们长期在柔然的统治下，并与西魏发生了交往，在他们征服柔然的过程中就完成了向奴隶制社会阶段的过渡。最高统治集团是由以阿史那氏为核心的军事贵族组成，并设立了一整套的官制和刑律。汗国之内，所有青年男子都是士兵。在一些地区有了农业，商业也比较发达，并有了货币，但游牧经济一直是突厥经济的主体。突厥统治北方大草原持续二百余年，他们势力的消长既与中原王朝的盛衰联系在一起，也与他们以游牧经济为主的经济基础联系在一起。这既是他们能够长期存在下去的原因，也是他们势力发展受到局限的原因。唐时一位突厥贵族曾表白说："突厥众不敌唐百分一，所能与抗者，随水草射猎，居处无常，习于武事，强则进取，弱者遁伏，唐兵虽多，无所用也。"（《新唐书》卷二一五下）但游牧经济不宜积累财富，也十分不稳定，一遇到特大自然灾害就立刻大衰，颉利之败就是明证。

突厥与中原王朝的关系十分密切。在政治上，除了战争之外，也有友好相处，甚至相当长一段时间向隋称臣纳贡，作为政治手段的联婚更是经常性的；在经济上，除了突厥向中原王朝贡献马匹，中原王朝向突厥赐给或贡献缯帛等丝织品外，双方还有互市贸易；在文化上，突厥的音乐、舞蹈传入到内地，中原的历法等也传到了北方大草原。这些交流对各民族的共同发展起了一定促进作用。同时，突厥人先后移居内地的也很多，北周时，仅长安就达千余人；唐初颉利败后，在长安自立户籍者达数千户。他们之中除了一部分贵族外，当多是平民和商贾。长安尚且如此，今天的陕西北部、山西北部、甘肃、宁夏等地当有更多的突厥人与汉人杂居。姓书上说"河南史氏"为阿史那后裔，可见后来有不少突厥人融合到汉族之中。另外，唐初不少"入朝"的突厥贵族成为唐统治集团的组成部分，如：史大奈、阿史那社尔、阿史那忠、阿史那思摩、执失思力等，都是唐初名将，他们东征西讨，战功显赫，被唐朝授官封爵，荣耀无比，新、旧《唐书》均为他们立传。其中，执失思力还很有政治卓见，敢于谏争，有一次唐太宗在苑中猎兔，他谏止说："陛下为四海父母，乃自轻，臣窃殆之。"使唐太宗大为惊异。后来唐太宗在苑中猎鹿，执失思力脱巾带固谏，唐太宗只好作罢。也有为政之廉者，如贞观十四年，唐平定高昌，诸将均受赏，唯阿史那社尔因未奉诏，秋毫不取；见诏后，所取者又皆是老弱陈弊。唐太宗为昭美其廉洁，另赐宝刀和杂彩。后来阿史那社尔与郭孝恪等讨西域，郭孝恪在军中的床帷器用多饰金玉，后送给阿史那社尔，阿史那社尔不受，唐太宗知道后说："二将优劣，不复问人矣。"唐太宗对突厥将领非常器重，如阿史那思摩随唐太宗征高丽，中流矢，唐太宗亲为其吮血。至于其他突厥贵族，拜将军中郎将，布列朝廷，仅五品以上者就达百余人。这些是北朝以来突厥与中原王朝亲密关系发展的直接结果。

突厥统治北方大草原二百余年，在我国历史上占有很重要的地位。首先，突厥在历史上出现了不少可歌可泣的英雄人物，如土门、木杆、启民等，遗憾的是文献只记载了他们在军事方面的活动，其他却很少提及，但从他们在位时突厥发展、壮大的情形来看，他们的政治才干当和军事才干一样，都是非常卓越的，在我国历史上占有不可磨灭的一页。其次，契丹、室韦、奚、铁勒及西域诸国长期在突厥的控制之下，这对北方各民族经济、文化的沟通和交流，促进他们共同发展必然起了重要作用。同时，以突厥为纽带，把上述

各民族与中原王朝有机地联系在一起,在中华民族形成的过程中,作出了自己的贡献。最突出的是,突厥创造了光辉灿烂的文化,我国北部大草原的游牧民族很多,他们有文字则是从突厥才开始的。早在北周时,突厥就有了文字。中外考古学者在蒙古人民共和国、前苏联西伯利亚、中亚及我国甘肃、新疆等地区发现了一些古代突厥文字,被称为突厥文,约有字母三十八到四十个,引起了史学界、语言学界的高度重视。其中,1889 年俄国人 й·雅德林采夫在鄂尔浑河畔发现了唐玄宗开元二十年(732)所立的阙特勤碑,这是第一次发现的突厥文实物,也是研究突厥历史的极珍贵的原始材料。目前,世界上不少国家诸如前苏联、日本、西德等都有专门研究古突厥文(包括回鹘文)的学者和专门机构,使其成为一专门学科,被称为突厥学。对突厥文的研究,不仅对古代阿尔泰语系的语言研究具有重要意义, 同时对突厥历史以及当时我国北方和中亚其他民族历史的研究也有一定意义。另外,突厥的雕刻艺术也非常普遍,在伊犁河流域、阿尔泰山南麓广大地区发现了不少突厥人的石雕像,其中以昭苏为最多。

回　纥

张　国　杰

　　漠北蒙古大草原辽阔宽广，水草丰美，我国历史上不少的游牧民族在这里放牧生息，强大一时。他们与中原地区保持着紧密联系，有些演变成了我国国内今天的少数民族，唐代的回纥就是其中之一。

　　回纥是一个有悠久历史的游牧民族，他们的先世可以追溯到公元前三世纪的丁零。丁零在南北朝时期被称为"高车"或"敕勒"、"铁勒"。铁勒由许多部落组成，其中有一个叫"袁纥"的部落，隋代称为"韦纥"。袁纥就成了后来回纥的直系了(《新唐书·回鹘传》)。回纥人在公元五世纪时游牧于鄂尔浑河西北，不久迁徙到土拉河北以及天山北。七世纪初，他们迁至色楞格河一带。回纥社会这时还处于氏族部落时期，由于力量还弱，不得不依附于强大的突厥。突厥对回纥及铁勒诸部采取残酷统治，"资其财力雄北荒"，征用他们打仗，四处扩张，使他们不胜其苦(《新唐书·回鹘传》卷二一七)。隋代大业元年(605)突厥处罗可汗对回纥及铁勒诸部"厚敛其物"，

又把他们的首领几百人召集起来残酷地杀掉。在忍无可忍的情况下，回纥联合仆固、同罗、拨野古等部奋起反抗，终于摆脱了突厥的统治。在反抗突厥压迫的斗争中，回纥逐渐强大，已经有"众十万，胜兵半之"了(《新唐书·回鹘传》)。唐贞观元年(627)回纥在首领菩萨的带领下以五千骑兵击败突厥十万铁骑，声振北方。菩萨在土拉河畔建立牙帐，号颉利发。公元628年，薛延陀政权建立并日益强大，回纥又依附于薛延陀。

唐贞观三年(629)，回纥开始与唐朝政府建立联系，派使者到长安贡献方物。贞观二十年(646)，回纥趁薛延陀内乱，配合唐军攻灭了薛延陀政权，并占有其部众和地区，首领吐迷度自称可汗。同年，回纥和铁勒诸部派使者朝见唐太宗，声言"愿归命天子，请置唐官"(同上)。唐太宗隆重地款待了他们，随即在漠北地区设置了六府七州。在回纥地区设置了瀚海都督府(今蒙古人民共和国朱尔马台河畔)，并封吐迷度为怀化大将军、瀚海都督。武则天时(公元七世纪后期)，东突厥东山再起，建立政权，重新奴役回纥及其他诸部。一部分回纥人被迫迁徙到唐朝政府管辖的河西甘、凉地区(今甘肃张掖、武威一带)。唐玄宗天宝初，回纥首领骨力裴罗联合其他部落趁后突厥内乱消灭了后突厥政权。天宝三年，唐朝政府册封骨力裴罗为怀仁可汗。怀仁可汗建牙帐于乌德鞬山(今鄂尔浑河上游杭爱山之北山)与鄂尔浑河之间。回纥这时控制的地区已相当大，《新唐书·回鹘传》记载："东极室韦(今额尔古纳河一带)，西金山(今阿尔泰山)，南控大漠，尽得古匈奴地。"

回纥统一于唐王朝后，政治、经济、文化都发生了巨大的变化。回纥的政权组织主要沿用突厥的制度，领兵的将领称"设"，可汗的子弟称"特勤"，大臣有：叶护、屈律啜、阿波、俟利发、吐屯、俟斤共二十八等,都是世袭,并无固定员额,后来由于受唐朝社会政治的影响,回纥也采用了唐朝的官制,设有外宰相六,内宰相三,还有都督、司马、将军等官号。自怀仁可汗开始,回纥每立一位新可汗都要得到唐朝政府的册封。史书记载,唐朝政府一共册封了十五位回纥可汗。为了巩固与回纥的关系,唐朝政府先后三次将公主(宁国公主、咸安公主、太和公主)下嫁可汗。回纥对唐朝政权的巩固起过一定作用,曾两次派大军帮助唐军平定安史之乱,收复了两京与河北。一次是在肃宗至德二年 (757),另一次是在代宗宝应元年(762),《旧唐书》记载:"回纥于国家有救难之勋。"(《旧唐书·吐蕃下》)

回纥统一于唐王朝后,经济发展很快。回纥人用自己的马匹换中原地区的丝绢和茶叶,最多时一年竟市马十万多匹。回纥市马大多是与唐朝政府直接贸易。回纥商人的足迹远及长江流域和珠江流域,仅在京城长安的就经常达千人之多,不少人还在长安"殖资产,开舍第,市肆美利皆归之"(《资治通鉴》卷二二五)。随着经济的发展,回纥地区大约在八世纪中叶开始建筑城市、宫殿,回纥人开始半定居生活,史籍记载,葛勒可汗在色楞格河、牟羽可汗在鄂尔浑河河畔都建立过城市和宫殿。

回纥人基本上是随水草流徙,以游牧为生的。在回纥社会里,可汗、贵族、牧主是统治阶级,他们享有各种特权,占有大量牲畜、草场和奴隶,强迫他们服各种劳役,统治者不但压迫剥削本族劳动人民,而且压榨在其控制下的其他民族和部落的人民。回纥统治者在所控制的各部落中派有"监使",其任务是"督其贡赋"(《资治通鉴》)。统治者的诛求无厌,使奚、契丹、三葛禄、白眼突厥等部落的人民不胜其苦。

回纥的语言属突厥系,文字亦用突厥文。保存到现在的《磨延啜碑》和《九姓回鹘可汗碑》就是用突厥文字刻写的。回纥人初期信萨满教,八世纪中期传入摩尼教,牟羽可汗定为"国教"。九世纪初回纥统治者派人到中原地区传教。从此,摩尼教逐渐流行于黄河和长江流域地区。公元 788 年回纥可汗上表请改"纥"字为"鹘","义取回旋轻捷如鹘也"(《旧唐书·回纥传》),以后的史籍记载就称"回纥"为"回鹘"了。

回鹘政权的崩溃在唐文宗开成年间(836—840),客观原因是由于自然灾害连年发生,牲畜大量死亡,社会生产力遭到破坏。《唐会要》记载:"开成四年(839)……连年饥疫,羊马死者被地,又大雪为灾"(《唐会要》)。内部原因则是可汗与贵族大臣们内讧,彼此杀戮。仅在 832 年至 840 年短短的几年中就变乱叠起。如公元 832 年"回鹘昭礼可汗为其下所杀"(《资治通鉴》);839 年,"其相有安允合者,与特勤柴革欲篡萨特勤可汗,萨特勤可汗觉,杀柴革及安允合"(《旧唐书·回纥传》)。在天灾人祸纷至沓来的垂危时期,840年,回鹘西北部的黠戛斯人乘机进攻回鹘,可汗被杀,政权瓦解,大部分回鹘人纷纷迁散。

回鹘人分三支大规模西迁。《新唐书》记载:"其相驳职与庞特勤十五部奔葛逻禄(葱岭西),残众入吐蕃(甘州),安西(高昌)"(《新唐书·回鹘传》),有一部分回鹘人南下要求归服唐朝,唐朝政府允许他们内徙,并运粮草接济他们。余下小部分回鹘人留在原地,被迫依附于室韦、奚和黠戛斯。

西迁的一支回鹘分布在甘肃河西走廊一带,人们称他们"河西回鹘",其中居住在甘州(今张掖)的这支力量最强,人们称他们"甘州回鹘"。河西回鹘起初依附吐蕃,唐末又依附于河西地区的首领张义潮。甘州回鹘在十世纪初建立了封建政权,统领河西各回鹘部落。从唐末、五代到宋代,甘州回鹘一直与中原王朝发生联系,朝贡方物。十一世纪时,河西回鹘信仰了佛教。在长期的历史过程中,河西回鹘中的一部分与临近各部族共同生活、相互融合,形成了一个新的共同体——即我国今天裕固族的前身。《元史》称他们为"撒里畏吾",《明史》称他们为"撒里畏兀儿"。

西迁的另一支回鹘人到了葱岭以西地区,人们称他们为"葱岭西回鹘"。葱岭西回鹘在公元十世纪至十二世纪在当地建立了强大的哈喇汗朝,辖地包括七河流域、阿姆河与锡尔河流域广大地区以及我国新疆喀什和和田地区一带。都城一个在八拉沙衮城(在今中亚巴尔喀什湖南楚河西南),一个在喀什。哈喇王朝时期的重大事件就是在十世纪时可汗与臣民开始信仰伊斯兰教。从此,伊斯兰教向东逐渐传入我国新疆地区,对当地的许多民族起了重大影响。

西迁的回鹘人还有一支投奔到今天的新疆吐鲁番地区一带,人们称他们为高昌回鹘或西州回鹘。高昌回鹘不久在这里建立了政权,十世纪时他们控制的地域已西到库车,东到甘肃,北邻天山,南接于阗。在这辽阔的土地上高昌回鹘与周围各兄弟民族共同创造了新的文化,与中原王朝始终保持着联系。高昌回鹘在长期与周围各兄弟民族共同生活的过程中,逐渐互相融合成一个新的共同体——也就是我国今天维吾尔族的先人,《元史》上称他们"畏兀儿"。

维吾尔族的形成

杨 圣 敏

在我国塔克拉玛干大沙漠的四周，镶嵌着一块块翡翠般的绿洲，拥有 600 多万人口的维吾尔族，就聚居在这些绿洲上。他们世代经营农田和果园，似乎已与这些绿洲融为一体。但是有谁知道，他们的祖先却曾经是遥远的蒙古草原上，一个叱咤风云的马上民族，当年建立过强大汗国的回纥人。

十九世纪末，俄国的一个探险队在蒙古草原腹地的鄂尔浑河左岸发现了一处巨大的古城遗址，占地达 25 平方公里，残存的城墙还高达 12 公尺。城内宫殿和庙宇的断壁上，处处可见人为破坏与火烧的痕迹，一片寂静和荒凉。只有零落于残垣蔓草之间的精美的瓦片和唐代的铜钱、石雕，还在向人们诉说着当年的繁荣。这里就是古代回纥汗国的首都——哈喇八喇哈逊。

回纥源于北狄。早在商周时期，在我国内蒙古南部和山、陕高原北部地区，居住着很多以翟（dí）乌为图腾的部落，称为翟人。春秋以后，中原统治者"以丑名加之"，把翟易为同音但带诬蔑意思的

"狄"。由于受商周王朝的压迫,狄人逐渐北迁到了南西伯利亚的森林和草原地带。公元前三世纪以后,他们又被称为丁零。丁零人相继受草原上的匈奴、鲜卑、柔然和突厥汗国的奴役,长期局促于山地森林和蒙古草原的边沿, 以狩猎和畜牧为生, 经济发展十分缓慢。公元四世纪以后,丁零又被称为铁勒或高车。活动于贝加尔湖以南的高车六部中,有一个回纥部,当时尚处于"无君长"的氏族社会。回纥联合其他铁勒部,与柔然、突厥人进行不已的斗争,他们的联盟也在斗争中不断壮大。六世纪,回纥联盟达到六七万人,七世纪则发展到了十几万人。745 年,唐朝和回纥联盟南北夹击,击灭了统治蒙古草原二百年之久的突厥汗国。于是回纥人取代突厥人的地位, 建立了统治整个蒙古草原的回纥汗国。在近百年的时间里,草原上的各个部落相继放弃了自己原来的名称而统称回纥,一个回纥民族逐渐团聚形成了。

公元 839 年,蒙古草原上"连年饥疫,羊马死者被地,又大雪为灾",同时,回纥贵族们争夺汗位的内乱也加剧了。次年,北方的宿敌黠戛斯乘机发兵十万向鄂尔浑河扑来,回纥可汗兵败自杀,壮丽繁荣的都城陷入一片火海之中。草原上的回纥人在各部贵族的率领下四散逃命。近可汗牙帐的一支约二十万人由乌介特勤率领南下,一直走到了山、陕北部的长城脚下,但是长城沿线居住着众多的畜牧部落,人口稠密,回纥人找不到空余的牧场,饥馑和内乱使他们再次分裂,大部分进入中原,融合进了汉族之中。直到十一世纪,中原人还能辨认出河北地区一些"目微深而髯不虬"的人,就是回纥人的后裔。

回纥人除了南迁的以外,另有三支向西迁徙。其中一部分走到居延海时,就沿着弱水南下到了河西走廊的甘州(张掖)。在甘州丰

美的牧场上,他们的力量不断壮大,到了911年,他们先后打败盘踞河西的吐蕃和汉人政权,控制了整个河西走廊,人口发展到三十万人。他们相继向中原的五代和北宋王朝称臣并频繁地派出使节,发展贸易。在汉人的影响下,他们改信了佛教。十世纪中叶以后,占据着今宁夏地区的西夏国党项人,成为回纥的劲敌,经过半个多世纪的战争,到1032年,打败了甘州回纥,占领了全部河西走廊。回纥人向西退入青海北部和新疆罗布泊地区。史书上称他们为"黄头回纥"。直到十六世纪初,塔里木盆地新兴的叶尔羌汗国打着伊斯兰教圣战的旗帜向东发展,笃信佛教的黄头回纥被迫向东迁入嘉峪关,再次回到了他们的祖先曾经生息过的张掖。这些人就是今天的裕固族。在裕固族中,至今还保存着回纥可汗的姓氏——药逻葛。

西迁的另一支回纥到达了西州(吐鲁番),于866年建立了西州回鹘王国。建都于高昌城,所以又称高昌回鹘。其疆域为今天新疆的东半部,国旗为黑色,国王称"亦都护",意为"幸福之主"。高昌城是王国政治、经济和文化的巨大中心,根据现存的遗址看,外城周长约10华里,城墙厚12米。在城内寺院和宫殿遗址中发现了大量回鹘时期的摩尼教和佛教壁画、经典和世俗文书。在一些生动形象的人物画像中,回鹘贵族身着红色窄袖长袍,头戴桃形冠,是一些方圆脸,弯眉细眼的蒙古人种形象,与现在的维吾尔族在外貌上有明显的差异。高昌回鹘的北疆部分以畜牧业为主,南疆则是农业区。982年,北宋使臣王延德生动地描写了北庭附近王族牧场的兴旺,他写道:"地多马,王及王后、太子各养马,放牧平川中,弥亘百余里,以毛色分别为群,莫知其数。"他还盛赞了吐鲁番的富庶,说这里"地产五谷……国中无贫民"。这里的园艺和手工业也很发达,最驰名的是萄葡酒、宾铁和白叠布(棉布),因此王延德称当地的人民"性工巧"。经济的发达和处于东、西交通孔道的优越位置,使高昌回鹘的商业,特别是中介贸易十分兴旺。高昌回鹘的商人们遍及中原各地,还远到印度、伊朗等地经商,不仅促进了东西经济文化的交流,也把大量财富带回自己的家乡。高昌回鹘经济的繁荣,也与其政治的安定有密切关系。十世纪曾游历新疆地区的阿拉伯地理学家麻素地称高昌回纥人"是最善于治理国家的一个民族"。高昌回鹘王国境内的居民是十分复杂的,他们在语言、文字、风俗、人种上都存在着很大的差别。可是回纥人不歧视其他民族,因此各族间能平等相处,这使回纥很快接受了当地较高的文明,在经济和文化上都比西迁前有了巨大飞跃并逐渐转变为一个农业定居民族。高昌回鹘王国一直存在了三百多年,到了 1209 年,当蒙古草原上的成吉思汗开始发动征服世界的战争时,回鹘王亦都护投靠了蒙古大汗,不久以后,吐鲁番以及整个新疆就成了元朝的一部分。

西迁最远的一支回纥,在庞特勤率领下一直向西越过葱岭,史称"葱岭西回纥"。他们和当地的土著民族以及先期到达这里的突厥族的葛逻禄、样磨、土库曼、处月等部一起,建立了强大的喀喇汗朝。汗朝西都在楚河畔的巴拉沙衮,东都在南疆的喀什。"喀喇"在突厥语中是伟大的意思,喀喇汗朝也确实是一个伟大的王国,它存在了三百多年, 它的疆域包括了河中地区的大部分和今阿富汗的北半部,后来又囊括了塔里木盆地的南部。喀喇汗朝的统治者自称为"桃花石汗",意为"东方与中国之王"。西亚各国的苏丹和哈里发们也承认喀喇汗朝是中国的王朝。他同中国领土上的其他几个王朝——辽、宋、高昌回鹘等都保持着密切的政治和经济往来,在发展中西贸易,传播中西文化中起了重大作用。在喀喇汗王朝时期,

由于回纥人和其他操突厥语的大量游牧民族转入定居，加快了中亚土著民族突厥化的过程；同时由于伊斯兰教的传入，广大游牧民也在宗教上伊斯兰化。在社会经济发展的基础上，在这种民族相互异化和融合的过程中，科学文化也获得了巨大的发展，一种新的文化——伊斯兰——突厥文化形成了。这种文化哺育出了一些优秀的作家和名著，如马赫穆德·喀什噶里和他的百科全书式的巨著《突厥语词典》，哈斯·哈吉甫·玉素甫和他的长诗《福乐智慧》。它们不仅是我国优秀的文化遗产，也是世界文化的瑰宝。它们为今天绚丽多彩的维吾尔族和突厥语各民族的文化奠定了坚实的基础。

840年西迁的回纥，除了甘州回纥后来演变为裕固族以外，另外两支，即高昌回纥和葱岭西回纥都是维吾尔族的直系祖先。但是维吾尔族的祖先不仅仅是这两支回纥人，塔里木盆地的土著居民也是维吾尔族的祖先。如前面所介绍的，回纥人在西迁前和西迁初期，在种族上主要表现为蒙古人种的特征。而840年以前塔里木的土著居民，多数为"深目高鼻"类型，语言也属于印欧语系。其文化则完全是一种定居农业民族的色彩。所有这些与马上民族的回纥人都有很大的差别。回纥人西迁以后，经过六个多世纪的漫长年代，与塔里木的土著居民融为一体，才形成了现代意义上的维吾尔族。下面就让我们简单谈谈这种融合的过程。

西迁的两支回纥分别在吐鲁番和葱岭西建国后，就开始从东西两端向塔里木盆地的中心发展。但在盆地中心的和田，有一个土著人的强大王国——于阗国。国王姓尉迟。当回纥人来到塔里木盆地时，尉迟氏于阗国已存在了千年之久。于阗国信奉佛教，经济、文化都很发达。喀喇汗朝的东都喀什与于阗国近在咫尺，他们东进的尝试都被强大的于阗国击退了。于阗国甚至还一度攻占喀什。十世纪三十年代，喀喇汗朝的博格拉汗萨图克开始信奉伊斯兰教。不久，到960年，伊斯兰教就正式成为喀喇汗朝的国教。萨图克死后葬于南疆的阿图什，他的坟墓至今还被维吾尔族的穆斯林教徒们视为圣地。960年以后，喀喇汗朝开始高举伊斯兰教圣战的旗帜，加紧了东征，他们满怀宗教的狂热杀向异教徒。到1006年，于阗国终于抵挡不住"圣战"而灭亡了。塔里木盆地只剩下回纥人所建的两个王国东、西对峙。土著人逐渐放弃了自己的语言而讲突厥语。这标志着回纥人在塔里木盆地统治地位的确立。但是在整个盆地内，却不具备形成一个统一民族的条件。一方面，土著人与回纥人的融合，即土著人在语言上的突厥化与回纥人对于土著文化的吸收学习过程，并没有完成。另外，东西两部分回纥人因为宗教的歧异而互相敌视。这两种宗教都分别渗透到了双方社会生活文化的各个方面，特别是伊斯兰教，表现更为显著。这就造成两个政权下的居民之间心理上强烈的对立，人们只具有狭隘的地方和宗教的心理意识而没有民族的心理意识。

到1125年，中国北方契丹人的辽朝灭亡，契丹贵族耶律大石率残部西迁中亚，建立了西辽。高昌回纥和喀喇汗朝都成为西辽的属国。1211年，成吉思汗征服了西辽，塔里木盆地遂成为蒙古大汗国的一部分，后来又成了成吉思汗次子察合台的封地。元朝后期，察合台的子孙们在各个绿洲上拥兵割据，新疆陷于分裂和战乱之中。在战乱中，伊斯兰教继续向东发展，到十五世纪末，已经将佛教赶出了吐鲁番。1513年，察合台的后裔赛义德汗统一南疆，建立了叶尔羌汗国。汗国疆域一直东达哈密。从此整个塔里木盆地的居民都信奉了伊斯兰教。统一的政权和宗教，使他们过去那种狭隘的宗教和地方的意识，转变成了包括整个南疆居民的民族意识。回纥

人与土著人在文化、风俗和血缘上的融合也已完成，于是，现代意义上的维吾尔族形成了。

维吾尔族，尽管她继承了回纥人的语言和其他的很多特点，但她已经不再是一个马上民族，也不再具有典型的蒙古人种的外貌。因此，尽管她的历史是古老的，而她确实已经演变成了一个崭新的民族。

回　族

和　奕

　　回族,或称回回族,是我国少数民族中人口众多,历史悠久,经济、文化较发达的一个民族,散居全国,分布最广,在全国的 30 个省市自治区和大多数县市中都有居住,宁夏是最大的聚居区,甘、豫、新、青、滇、冀、鲁、皖、辽、京、津等省市区分布较多。据 1982 年全国人口普查,回族为 7,219,352 人(不包括台湾),占全国总人口的 0.72%,仅次于汉族和壮族。

　　"回回"一词始见于北宋沈括的《梦溪笔谈》,是指唐末溃散在河西、土鲁番、葱岭西等地区的回鹘(回纥)。案,回回系回鹘、回纥音转,然较之易写、易读、易认,遂约定俗成为"回回"。元以后史籍中的回回泛指嘉峪关以西的一些穆斯林民族。

　　回回的族源可上溯至唐高宗永徽二年(651),随着伊斯兰教的传入,大批海外穆斯林商人来华,在广州、泉州、杭州、扬州及长安等地经商,其中不乏滞留定居者,娶妻生子,世代繁衍。时称之为"蕃客"或"土生蕃客",成为后来形成回族中的一部分。

十三世纪初蒙古西征,大批西域各族穆斯林或因签发从军、或因匠作随军、或因归附游宦、或因行商贸易陆续进入中国,掀起了中国历史上第一次西域穆斯林内迁的浪潮。这些穆斯林被统称为"回回",是元代色目人的中坚,这是形成回族的主要部分。

明初,成祖朱棣雄才大略,立意经营西域,吸引大批回回纷来沓至,络绎不绝,滞留经商者有之,入仕为宦者有之,从军戍边者有之,这是中国历史上第二次西域穆斯林内迁的浪潮,持续近二百年,这部分人是回族的重要组成部分。

始唐宋迄元明,在八九百年的历史进程中,以陆续入迁中国的中亚、西亚、阿拉伯、东南亚等地各族穆斯林为主的"回回",因为通婚、迁徙、改宗伊斯兰教等原因,不断吸收了汉、维吾尔、蒙古族等其他成份(由于同样的原因,不少回回也逐渐被汉、维吾尔等族同化吸收)。大约在明中后期,一个新的人们共同体——回回民族形成了。这个民族不同于中国境内的任何一个民族,既非由中国境内的氏族部落融合发展形成的土著民族,亦非纯粹的外来民族,而主要是由外来穆斯林民族逐渐吸收融合部分土著民族而形成的一个新的民族。

回族在形成和发展过程中,受到了伊斯兰教的重要影响。它不仅仅是作为一种宗教信仰,而且是作为一种社会制度、伦理道德规范,渗透到了回回社会生活的各个方面。以往回回从出世到结婚,直至死亡丧葬,以及饮食、服饰等生活习俗,无不受到伊斯兰教的影响。如:婴儿时要请阿訇为之起"经名";嫁娶时要请阿訇来证婚;人死要速葬,须由阿訇主持殡礼,死者尸体由阿訇冲洗后裹白布土葬,不用棺木,等等。再如男子习惯于戴白无沿帽或黑无沿帽,这原是教徒们做礼拜时所戴;妇女戴黑、白或绿色的盖头,也和宗教规定有关。不吃猪肉、不吃一切动物的血和自死之物,不饮酒,这些都是根据《古兰经》的规定而来的。回回爱清洁,同作礼拜时要"大净"(洗全身)"小净"(洗脸、口鼻、手、脚等)有关。

历史上回族中曾实行过的教坊制度,既是一种宗教制度,又是一种经济制度。几百户、几十户或十几户回回居住的地方,就建有清真寺,聘请教长主持该地区的宗教事务,并负责该地区回回社会生活的各个方面。于是逐渐形成了遍及全国的一块块大小不一的回回集中居住的区域,在乡村自成庄落,在城镇自成街坊。回回在全国范围内"大分散、小聚居"的区位结构产生了,并由此形成了亦农、亦牧、亦商、亦工,具有民族特色、地域特色的回回经济社区。

几百年来陆续入迁的各族穆斯林先后受到蒙、汉、满等族统治阶级的奴役压迫,始终以一个被欺凌的弱者出现在中国社会。共同的宗教信仰及由此而来的共同生活习俗潜移默化地沟通了他们之间的思想感情,增进了不同穆斯林民族间的团结互助,逐渐聚合了一种共同的社会意识,进而形成了回回民族的共同文化心理素质(或称民族性格)。

诚然,共同的宗教信仰并不能作为形成民族的一个特征,但伊斯兰教在回族形成与发展过程中始终起到的纽带作用、维系作用之重要性,是无法否认,也是无法回避的历史事实。

历史上的回回民族对我国社会经济的发展有过很大贡献。

元代回回大多应征军役,入中国屯田,直接参加了对边疆和内地的农牧业生产。如元代回回炮手在南京、湖广、山东、河南,回回工匠在甘肃、陕西的屯田,规模都很大,在社会经济中占有重要地位,仅山东青州一地回回屯田军士即有数千人之多,屯田六万余亩(《元史·兵志》)。回回人赛典赤·赡思丁主政云南时,创设屯田多达

二十五万亩(《元史·兵志》)。明代以后入居内地的回回亦多被安置在陕甘、湖广、闽浙、滇桂、两广、南北直隶等地,参加当地的屯田开发活动。木棉、葡萄等作物也通过回回传入了中原。

水利是农业的命脉。元代散处各地的回回对水利灌溉事业多有贡献。元初,赛典赤·赡思丁在创设云南屯田的同时,积极着手当地的水利建设,在其主政云南的六年中,凿开海口、石龙坝,清理疏浚了由螳螂川至普渡河入金沙江的河道,开浚了马料、宝象、海源、银汁等六河,兴修分水岔河 12 条,开挖地河 72 条,兴建水坝六座,历史上第一次系统地整理了滇池水系,对云南的开发起了很大的作用(《元史·赛典赤·赡思丁传》、《新元史·赛典赤·赡思丁传》)。

回回人以擅长理财,精通商业驰誉古今。唐代回回商人足迹遍及九州,仅广州一地在唐末即有回回商人数万之多。宋代泉州回回蒲氏为中外闻名的商业世家,宋元两代垄断东西沿海进出口贸易数百年之久。元明以来,随着西域回回的大批东来,回回商人逐渐取代了畏兀儿人对丝绸之路贸易的垄断地位,为沟通东西方经济文化交流作出了重要贡献。回回商人财力之厚,影响之大,以致在中原旧有财神赵公元帅之外,又有了"回回财神"之说,各地还塑造了隆准深目多须髯,头缠白布的"回回财神"像。

回回民族对我国的科学技术也多所建树。

元明以来,随着大批回回科学家、学者进入中原,西方的一些先进的科学技术亦传入了中国。

回回历法向以"最为精细"著称,对我国的历法产生过很大影响。元代郭守敬所创、著名的《授时历》即多参考回回历法而就。元明以来,涌现出一批回回天文历算学家,如元代的札马鲁丁、明代的马黑亦沙、马哈麻等。札马鲁丁于至元四年(1267)进《万年历》

(即回回历),制造了浑天仪、方位仪、斜纬仪、平纬仪、天球仪、地球仪、观象仪七种天文仪器。为我国天文学的发展作出重要贡献。

历史上回回人对中国的建筑艺术也作出了重大贡献,出现了许多有成就的建筑学家,尤以元代的亦黑迭儿丁最为著名。元世祖中统元年(1260)亦黑迭儿丁掌茶迭儿局(即中央土木工程局),领导修建了琼华岛(今北京北海公园前身)。至元三年(1266)行工部尚书事,奉敕主持设计修建宫城宫殿。也黑迭儿丁以琼华岛及其周围湖泊——中、北海(时尚无南海)为中心,在原金朝中都的基础上向东北方向扩展,历时四年,建成了一座规模宏大的宫城,名为"大都"。大都城内宫殿壮丽,街市有序,人口众多,是当时世界上最著名的大都市。元大都的兴建为明清的北京城奠定了基础,是中国城市建设史上最为壮观的一页。

中世纪的阿拉伯医学处世界领先地位。随着唐宋以来大批回回人入居中原,阿拉伯医药学亦传入中国。唐代回回李珣撰《海药本草》,第一次将一百多种西方药品介绍到中国。元代以后,通过回回,阿拉伯医药学在中国更加发扬光大。元初,中央政府即设广惠司,专掌"修制御用回回药物及和剂,以疗诸宿卫士及在京孤寒者"。不久又设"大都、上都回回药物院二,秩以五品,掌回回药事。"(《元史·百官志》)明清两朝中央亦皆设回回太医院,多回回名医,至今不替。回回医学外科尤为神奇,据史载,京都有儿"患头痛不可忍,有回回医官用刀开额上,一小蟹坚硬如石,尚能活动,倾焉方死,疾亦愈。……信西域多奇术者"(明陶宗仪《辍耕录》)。

回回制炮术早在中世纪已负盛誉。元世祖忽必烈至元中,久攻襄樊不下,闻西域回回炮无坚不摧,遂聘回回阿老瓦丁、亦思马因二人制炮攻之,襄樊城皆拔。从此回回炮就成为元军攻坚破城的强

力火器,在统一中国的战争中立下了汗马功劳。

回回民族在长期的历史发展过程中,接受了汉族文化,在文学艺术诸方面都颇有成就,为丰富祖国灿烂的文化作出了贡献。元明以来,回回文风,盛极一时,诗文曲画,人才辈出,与汉族学者名士颉颃比翼,不相上下。

萨都剌,字天钧,号直斋,山西代州人,元代著名回回诗人。其诗风清丽俏逸,以宫词、乐府著称。在诗词创作上继承了唐诗宋词的优秀传统,体裁完备,风格多变,代表了有元一代少数民族诗词的最高成就。其诗早在元至正年间(1341—1368)即已荟萃付梓,名《雁门集》,明清两代多有重刻,流传甚广,现有标点本。另有《西湖十景诗》一集。萨氏的诗论亦颇具见地,在中国文学批评史上占有相当的地位。萨尚工书画,故宫博物院所藏他作的《严陵钓台画》、《梅雀》二幅,是研究元代绘画艺术的珍品。

高克恭,字彦敬,元代著名回回书画家。师承宋代二米(米芾、米友仁),融通董源笔法,在书法绘画艺术上有很高的造诣,尤擅山水画,为一代宗匠。受到历代画家的称誉。高氏之诗词亦名重一代,同画风一样,多山水田园之作。其书法造诣极高。

马九皋,字昂夫,元代著名回回曲家。早年诗作为世所推重,有《九皋诗集》(已佚),其在文学艺术上的成就主要还是在元曲的创作方面。曲如其人,傲世不俗,豪爽奔放,新颖飘逸,诙谐风趣,与我国元代著名戏曲家关汉卿齐名。马氏曲作数量较大,多散见于元明两代的诸曲选中。

李贽,号卓吾,明代福建泉州回回,我国古代思想史上著名思想家。一生多所撰述,著作丰赡。主要有《焚书》、《续焚书》、《藏书》、《续藏书》、《史纲评要》、《李氏文集》、《李氏丛书》等多种。还为百回本《忠义水浒传》、百二十回《忠义水浒全书》和《三国志演义》等书作了详细批注。在著作中李贽对封建礼教和假道学进行了无情的揭露和批判，认为孔孟之道并非"万世之至论"，提出反对"咸以孔子之是非为是非"的传统观念，对明末清初的社会思想产生了积极影响，一直持续到"五·四"运动时期。

在中华民族的历史上，曾出现过一位名闻中外的航海家，他就是明代回回郑和。郑和，本姓马，小字三保，云南昆明人。十五世纪初他率领庞大的船队七下西洋，纵横十余万里，历亚非 30 余国，发展了我国与海外的贸易往来，增进了中国与各国人民之间的了解和友谊，他率领的由 62 艘宝船和 27000 人组成的舰队，规模之大，堪称世界航海史上的壮举。他的航行较之哥伦布发现新大陆、达加马开通东方航路、麦哲伦环球航行要早许多年，在世界航海史上写下了极其壮丽的一页。

回回从来就是一个具有反压迫斗争传统的民族。在推翻元朝的农民大起义中有一批著名回族将领如常遇春、胡大海、冯胜、冯国用、沐英等，参加并领导了起义。明一代，回回的反压迫斗争遍及陕、甘、豫、鲁、冀、晋、鄂各省，此起彼伏。在明末农民大起义中，甘肃和陕晋豫鄂交界地区的大批回回揭竿而起，是最早反抗明王朝统治的武装力量。由"老回回"马守应率领的一支回民武装，就是李自成、张献忠等起义军"十三家七十二营"主力之一。

清顺治五年(1648)，以回回米剌印、丁国栋为首的甘州起义，乾隆四十六年(1781)、四十八年的青海循化苏四十三起义和甘肃通渭田五起义，都是以回回为主，给清封建统治阶级以沉重打击。

太平天国运动期间，云南杜文秀领导的回民起义军联合汉、彝、白等族人民配合太平军，在云南坚持抗清斗争达 18 年之久。西

北回民起义遍及陕、甘(包括青海、宁夏)、新地区，形成了金积堡、河州、西宁、肃州等四个抗清中心，坚持斗争长达 15 年。

各地回民还以不同的形式参加了近代史上的反帝爱国斗争。鸦片战争中，驻防江浙沿海的陕甘回回将士英勇抗击了英国侵略军；1855 年，新疆塔城的回、汉各族矿工掀起了反抗沙俄侵略者暴行的斗争；1894 年中日甲午战争中，回族将领左宝贵率部援朝抗日，以身殉国；1900 年，八国联军攻打北京，主要由回族官兵组成的甘军在马福禄的率领下，在廊坊和北京正阳门予敌重创，马福禄饮弹阵亡，所部回族官兵数百人为国捐躯。

综上所述，千百年来回族以自己的聪明才智和辛勤劳动同其他兄弟民族一道，为丰富和发展祖国灿烂光辉的文明，为缔造我们伟大统一的多民族国家作出了很大的贡献。

藏　族

陈　楠

　　藏族是中华民族大家庭中的重要一员，自古以来分布在约占全国总面积四分之一的青藏高原上。主要聚居在西藏自治区和青海省的玉树、海南、黄南、海北、果洛等藏族自治州以及海西蒙古族藏族哈萨克族自治州，甘肃省的甘南藏族自治州、天祝藏族自治县，四川省的甘孜、阿坝两个藏族自治州、木里藏族自治县，云南省的迪庆藏族自治州。在聚居区的东部和南部边缘，还与汉、蒙古、回、土、撒拉、羌、门巴、珞巴等民族杂居。据 1990 年 11 月公布的统计数字，现有人口 4,593,330 人。

　　藏族是汉语的称谓，藏族自称"蕃"(bod)。藏族使用的语言属汉藏语系藏缅语族藏语支。依地区划分为卫藏、康和安多三个方言。藏文是拼音文字，有 30 个辅音字母，4 个元音符号，自左向右横行书写。据藏族史书记载，藏文是七世纪前期吞米桑布札参照当时梵文体系的某种字体创制的，其后经过三次重要的修定，通用至今。

藏族历史悠久。远古时聚居于西藏雅鲁藏布江中游两岸,在聂木拉、那曲、林芝、昌都等地曾发现旧石器、新石器时代的遗存。据藏文文献记载,吐蕃王室的始祖掘起于西藏山南地区雅隆河谷,为"六牦牛"部的首领,号"鹘提悉补野",在松赞干布以前已传30余世。七世纪初,赞普松赞干布兼并羊同、彭波、工布、苏毗等诸族部,统一整个西藏地区,定都逻娑(今拉萨),始制藏文、藏历,创订法律、度量衡,分设文武各级官职,建立了奴隶制的吐蕃王朝。松赞干布在发展政治、经济、文化建设的同时,与唐朝及天竺(今印度)、泥婆罗(今尼泊尔)广泛交往,引进唐朝先进的封建文化,佛教也于此时正式传入吐蕃。641年(唐贞观十五年)松赞干布与唐文成公主联姻,唐蕃之间友好往来日益频繁。唐高宗曾授松赞干布为驸马都尉,封西海郡王,后又晋封为宾王。710年(唐中宗景龙四年)赞普墀德祖赞又与唐金城公主联姻,再修旧好。赞普墀松德赞在位(755—797)时,巩固完善内政建设,大力发展佛教,对外实行武力扩张,展拓疆域,为吐蕃最强盛时期。其疆域东与唐朝相接,大体上以陇山为界,北接回纥,西连大食,南并南诏,号称"大蕃"。至赞普墀祖德赞时,复与唐朝息兵修好,互设市易。唐穆宗长庆年间(821、822),唐蕃互使,分别在长安、逻娑两地会盟。至今仍立于西藏大昭寺前的"唐蕃会盟碑"为千余年来藏汉人民团结友好的信实物证。九世纪中叶,吐蕃王室分裂内讧,诸属部相继叛离,境内爆发了大规模的奴隶和平民大起义,吐蕃王朝崩溃。

从十世纪到十二世纪期间,整个藏族地区彼此不相统属,形成了向封建农奴制过渡的分裂割据局面。其中,在西藏西部,建立了历时较久的阿里地方政权;在甘肃中部的六谷部和在青海东部的唃厮罗部首领,曾受内地中央政权的册封,并发展了汉藏两族间的茶马贸易。而在其余的藏族地区,政治上逐渐出现了许多为地方豪族所把持的实力集团;经济上逐渐形成了许多以个体小生产为基础的自给自足的居民点,交换有了一定的发展。十世纪后期,佛教在新兴封建领主的支持倡导下再度复兴。在佛教与藏族社会原有的本教长期相互斗争和相互影响的过程中,佛教吸收了本教的某些神祇和仪式,逐渐形成了富有西藏地方色彩的藏传佛教(即喇嘛教)。主要教派有宁玛派(红教)、萨迦派(花教)、噶当派(后转成噶鲁派)、噶举派(白教)。喇嘛教的传播和发展,渗透到藏族人民生活的各个领域,寺院上层人物往往与地方豪贵紧密结合,形成了新兴地方势力统治下的政教合一的封建体制。

十三世纪蒙古兴起,蒙古统治者曾数遣使者与卫藏地方实力集团取得联系,1247年,萨迦派第四代祖师萨班·贡噶坚赞(1182—1251)代表卫藏地方势力与蒙古窝阔台汗之子阔端会晤凉州(今甘肃武威),卫藏自此归属蒙古。忽必烈建立元朝以后,把整个藏族地区置于中央王朝的辖治之下。中央设置宣政院(初名总制院),管理全国佛教事务及藏族地区军政事务,以萨迦教派领袖八思巴(1235—1280)为帝师兼领宣政院事。在藏族各聚居区分设吐蕃等处、吐蕃等路及乌思藏纳里速古鲁孙三个宣慰使司都元帅府,分别管辖西北、西南各省藏族地区和西藏地区。元朝还在卫(乌思)、藏地区分封13个万户,派员前往清查户口,建立驿站,厘定赋税。由中央颁发封地文书以肯定各地封建领主的土地占有权,又赐印信诰命以确立各级官吏的职权,从此西藏地区正式纳入中国版图。

明朝沿袭元朝旧制,将吐蕃等处、吐蕃等路合并为朵甘都指挥使司;将乌思藏纳里速改置乌思藏都指挥使司及俄力思军民元帅

府。同时实行多封众建的方针,对影响较大的宗教领袖封授大宝法王、大乘法王及大慈法王,对于地方实力集团先后分封阐化、赞善、护教、辅教、阐教等五王,各有其封地并准予世袭。另外依次又封有西天佛子、大国师、禅师等多种名号。十五世纪初宗喀巴(1357—1419)整顿改革宗教,在噶当派的基础上兴创格鲁派,俗称黄教。此派建立后迅速得到发展,先后形成达赖、班禅两大活佛转世系统。明末清初,蒙古和硕特部固始汗(1582—1655)驻牧青海,后入据卫藏地区,崇奉格鲁教派。清朝入主中原后,采取了"兴黄教以安众蒙古"的政策,在中央设置理藩院(初名蒙古衙门),管理蒙古、西藏等地事务。先后正式册封了格鲁派两大活佛为达赖喇嘛(1653)和班禅额尔德尼(1713)。从此形成定规,历代达赖、班禅转世皆需中央册封。1728 年(雍正六年),清政府在去除西藏地区蒙古各部势力后,设立驻藏大臣办事衙门,会同地方办理西藏行政事务。

1751 年(乾隆十六年),清朝正式设立西藏地方政府"噶厦"。噶厦设四名"噶伦"(大臣),任命三俗一僧充任。下设两个机构:一为仔康(审计处),设四名俗官,管理俗官系统一切事务,审计地方行政收支和各地差税负担等事宜。一为译仓(秘书处),设四名僧官,管理僧官系统一切事务,负责钤印和调派僧官等事宜。地方政府统辖两组行政机构:一组为十余个"勒空"(办事处),分掌地方政府各项行政事务;一组是几个"基恰"(即总管处),分掌各级宗、豁(县、区级)的地方事务。另设基恰堪布,领导一组僧官,掌管达赖喇嘛日常生活事务。地方政府各级官吏在清代均有品级与定额,名义上受达赖喇嘛的领导。1793 年(乾隆五十八年)清军击退了入侵西藏的廓尔喀军以后,正式颁行了《钦定藏内善后章程》,对于驻藏大臣的职权、达赖和班禅的地位,以及西藏地区的官制、军制、司法、边防、财政、户口、差役和涉外事宜等,均作详细规定,由驻藏大臣会同达赖喇嘛、班禅额尔德尼全面督办西藏事务。

1840年鸦片战争以后,帝国主义列强势力侵入西藏,藏族地区逐步处于半殖民地状态。富有斗争传统的藏族人民在各地烧教堂、逐洋人,投入爱国守土斗争。1888年,英国军队入侵后藏,在隆吐山遭到藏军的坚决抵抗。1890年英国迫使清政府签订辱国丧权的不平等条约。1904年,英国侵略军武装入侵拉萨,沿途遭到强烈反击,藏族军民于后藏江孜宗奋勇抵抗,给予英军以沉重打击。抗英战争失败以后,英国侵略者强迫西藏地方上层签订城下之盟,并极力挑拨西藏与中央的关系,妄图把西藏从祖国大家庭中分裂出去,但西方列强在西藏问题上的政治阴谋终未得逞。

在长期的历史发展过程中,藏族人民形成了独特的文化,源远流长,广博深厚。早在七世纪初就有藏文文献传世,其中大多已淹没无闻。现存的吐蕃时期的文献有写卷(即敦煌藏文写卷)、木简木牍(出土于新疆等地)、金石碑刻等。举世闻名的《藏文大藏经》纂成于元代,这套大型丛书式的佛教典籍,以经、律、论为主,包括天文、历算、工艺、医药、美术、诗歌等著述,约四千五百种,分"甘珠尔"、"丹珠尔"两大部分。有那塘版、德格版、北京版、卓尼版、拉萨版等多种版本传世。此外还有哲学、韵律、文字、舆地、医药、历算、史传、全集、文学、小说、诗歌、戏剧、寓言等著述。历史类著作有通史、断代史、编年史、宗教史和传记、谱系、地方志、寺志等。其典籍著述之丰富可与汉族媲美。其中一些典籍如医学巨著《医方四续》,历史名著《红史》、《贤者喜宴》、《青史》,世界最长的史诗《格萨尔王传》,传记小说《米拉日巴传》,以及《萨迦格言》、《仓洋嘉措情歌》等早已脍炙人口,并已译成多种文字,在国内外出版。

藏族的建筑艺术及雕塑、绘画艺术堪称中华民族艺术宝库中的一颗明珠。寺院建筑多为宫堡式的群体建筑,规模宏大,风格独具。座落在拉萨红山上的布达拉宫是其中最杰出的代表。布达拉宫主体部分建于十七世纪中叶,后经历代达赖扩建,始具今日规模。建筑依山叠砌,累高达十三层,殿宇重迭,气势雄伟。宫内长廊交错,雕花梁柱林立,体现了西藏古代建筑艺术的优秀传统和独特风格。西藏的印铸雕塑工艺,远自吐蕃时代已有高度的发展,历元、明、清三代,更多有创新。各大小寺院保存的铜塔铜佛、装饰浮雕、各种法器供器,富有极高的艺术价值。藏族的绘画艺术更是在不断发展中取得卓越的成就。藏画以铁线描法为主,结构谨严,神态逼真,颜料色泽鲜艳。几乎所有的寺院在殿堂与廊间都绘有题材丰富、绚丽多彩的壁画。"唐卡"(卷轴画)多绘于布底之上,四周镶以锦缎,色彩对比强烈,艳丽而逼真,为藏族宗教艺术珍品。藏族能歌善舞,歌曲旋律顿挫抑扬,歌唱时可伴以各种舞蹈,有独舞、对舞和群舞,民间舞蹈种类很多,主要的有"果谐"与"锅庄"等。宗教舞蹈,戴各种面具,或拟神,或扮鬼、兽等。藏戏是我国著名地方剧种之一。相传十五世纪初,由噶举派僧人汤东结布为化募资金修建雅鲁藏布江铁索桥而创。剧目多取材于民间故事,演出一般在广场上,用简单化妆或道具区别人物性格,曲调高昂,边唱边舞,伴以打击乐器和齐唱帮腔,情绪十分热烈。

藏族医学历史久远,属佛学"五明"中的医方明,有传世专著、图谱数十种,记有基础理论、生理解剖、诊断、治疗、药物等内容。藏医的主要理论认为:由经脉肌骨和五脏六腑构成的人体,存在着三种基本因素(风、火、水土)、七种物质(饮食、血、肉、骨、脂、髓、精)和三种排泄物(尿、粪便、汗),人体因内外因素产生疾病,使各方面出现失调。诊断学的主要特点为望、闻、问、切,注重舌苔及辨尿色味的变化。治疗方法有内、外疗法,内疗服用药物;外疗有手术、针砭、艾灸、拔火罐、按摩等。藏药约有一千四百余种,其中一部分为青藏高原特产,用药讲求配伍与炮制技术。

藏族传统历法为阴阳合历,已有一千三百余年的历史。创始于吐蕃时期,迄今仍通行民间。受古代汉历、印度历等影响,七世纪中叶始用十二循环纪年,九世纪前期使用六十年循环纪年。1207 年自印度译《时轮经》,并以此年为"胜生周"纪元之始,藏语称"饶迥"。从阴火兔年始,每至阳火虎年计六十年,称为一个饶迥。其纪年方法是以阴阳、五行、生肖相配合,其顺序与汉历十天干、十二地支相配合的六十年周期相同。藏历对五星运行方位,日月食的食限数值和交食时刻、食延时间、入食方向等推算精确,亦能进行中期和远期天气预报。关于藏族历法的研究,属藏传佛学中"小五明"之一的星算学。传世著作达数十种。在各大寺院中,设有进修藏医藏历的机构。

在日常生活中,藏族有自己独特的风俗习惯。藏族社会有森严的等级区分,日常口语中有敬语和最敬语。举凡服饰、居处、坐骑、哈达等,按照社会地位的高低而有严格的区别。哈达是一种特制的丝织长巾,在拜访晋谒时,双手捧上,表示敬意。家庭以男性为中心,实行严格的阶级内婚制。一夫一妻制是家庭的主要形式。也有少量的一夫多妻制婚姻,主要是由于财产的继承、分配等经济原因而造成的,社会对此并不歧视。藏族男女多蓄辫,喜戴头饰,戴呢帽或细皮帽。上身穿绸、布长袖短褂,外着宽肥的长袍,右襟系带。农区的妇女夏秋着无袖长袍,前系氆氇围裙。僧尼袈裟以红色氆氇制成,头戴僧帽。农区主食为糌粑,它是用炒熟的青稞或豌豆制成面

粉,以茶水拌食。喜饮酥油茶。牧民以牛羊肉为主食。僧尼可以食肉。进餐时,使用随身携带的木碗和短柄尖刀。每餐量少,一般日食五六餐。住房建于向阳高地靠近水源处,以石块或夯土筑墙,高二三层,平顶多窗,形如碉堡,上层住人,下层多作库房或畜圈,有院落。牧民住以牦牛毛织成的黑色帐篷,冬暖夏凉,迁移方便。交通运输主要使用牦牛。牦牛为青藏高原独有,向有"高原之舟"的美称。水路运输使用牛皮船或独木舟。牛皮船是藏族特有的水上交通工具。江河上一般建有铁索桥、溜索桥和简易的木桥等。丧葬以天葬(即鸟葬)为主,僧人圆寂和某些在林区生活的居民亦行火化,只在收获季节忌火葬。此外,土葬和水葬除因条件限制,一般认为是不吉利的。

藏族普遍信奉喇嘛教,不分贵贱,家家供有佛龛。大多数人胸挂称为"噶乌"的神盒,手摇转经筒。寺院内外装置嘛尼经轮,由人顺时针方向旋转,借以祈福禳灾。农闲季节,广大农牧民多外出朝佛,许多人从家门起一步一个长头(五体扑地),一直磕到所去寺院,将身边财物全部布施,了却心愿。

藏历元旦为最重要节日,男女盛装,互相拜年。正月十五日,各大寺院举行法事,在青海塔尔寺和拉萨大昭寺等处,喇嘛用酥油制成的酥油花,色彩鲜艳,雕塑精巧,驰名遐迩。四月十五日相传为释迦牟尼成佛和文成公主到藏的日子,民间有各种纪念活动。七月间,粮食即将收获,农民背着经卷转绕田间,称旺果节,预祝当年丰收。

九黎、三苗、南蛮

胡绍华

　　九黎(首领为蚩尤)、三苗(首领为驩兜)、南蛮,是我国古代著名的大部落联盟和古老的民族集团。九黎部落联盟与黄帝部落兴起于同一时期,三苗部落则与尧、舜、禹齐时,商、周时期有了南蛮的称呼。对于这三个古老部落的情况,除南蛮之外,九黎、三苗这两个部落的情况则鲜为人知,更不识九黎、三苗为古代我国东南部少数民族中最早的部落集团,当然也就不知其为苗族的先民。九黎、三苗部落联盟在我国原始社会末期分布极广,活动频繁,能量巨大,其势力足以与黄帝、尧、舜相抗衡,影响极为深远。

　　在我国黄河下游和长江中下游一带,远古的时候就生活着许多原始人类,他们经过世世代代的生息繁衍,通过艰巨的劳动,大约在距今五千多年前,逐渐形成为部落联盟。这个部落联盟被称为"九黎",以蚩尤为首领。有关蚩尤为九黎部落首领的记载很多,"九黎,蚩尤之徒也"(《国语·楚语》)。此外,《书·吕刑释文》、《吕氏春秋·荡兵》、《战国策·秦》等史籍都说蚩尤是九黎之君。"蚩尤摄政,

有兄弟八十一人"(《龙鱼河图》),可见蚩尤领导下的九黎部落联盟是由 81 个氏族组成的。"九黎,黎氏九人,蚩尤之徒也",进一步说明九黎部落联盟其下有九个部落,每个部落之下又有九个氏族,他们共同组成为九黎部落联盟,而蚩尤为其盟长。

九黎部落联盟借助于黄河下游和长江中下游优越的地理环境以及气候温和的自然条件,辛勤劳动,披荆斩棘,使生产力不断提高,社会经济不断发展,一跃而成为雄据祖国东南部的大部落。当时九黎与之炎、黄部落相比,其社会经济发展程度比炎、黄部落还要先进。据文献所载:"伏羲以木为兵,神农以石为兵,蚩尤以金为兵。是兵起于太昊,蚩尤始以金为之"(《山海经·太白阳经》)。当传说中的伏羲、神农使用木、石为兵器的木石时代,蚩尤就以金属制作兵器,跨入了金属时代。后来蚩尤与炎帝、黄帝发生战争时,蚩尤的兵器更以"金从之",制成剑、铠、矛、戟等武器。这意味着九黎部落的社会经济比以木、石为兵器的炎、黄部落的发展要高。因此,用金属兵器武装起来的九黎部落势力迅速强盛起来,成为我国东南部地区最强大的部落。

当九黎部落在蚩尤领导下顺利发展的时候,黄帝部落的势力也在西部崛起。黄帝在统一了西部地区后,乘胜东进,但遭到了蚩尤部落的有力抵制。东、西两大部落势力在黄河中游地区发生了冲突,于是一场我国原始社会末期规模空前的、激烈的部落战争爆发了。战争初期,由于远道而来的黄帝部众既因兵器落后,又因不谙东部地形、气候,再加之有的部落不愿卷入黄帝发动的这场战争,因而屡屡失败。"黄帝与蚩尤九战九不胜"(《太平御览》卷一五)。后来黄帝以屈尊求教的方式得到当地居民的帮助,并与炎帝联合起来,最后在涿鹿(今河北省涿鹿)将蚩尤打败。

　　九黎战败之后,其势力大衰,被迫渡河南迁,退居南方,压缩在"左洞庭,右彭蠡"(今洞庭湖、鄱阳湖),占据在长江中下游湖南、湖北、江西等广阔的地区内。到尧、舜、禹时期,又形成了新的部落联盟,即史书中所说的"三苗",有时又称为"有苗"或"苗民",其首领为驩兜。"放驩兜于崇山(崇山峻岭)以变南蛮。窜三苗于三危"(《尚书·尧典》)。三苗是"九黎"的后裔,史书不乏于记载,《国语·楚语》下说:"九黎乱德,……其后,三苗复九黎之德",韦昭注说,"三苗,九黎之后"。"有苗,九黎之后,颛顼代昊,诛九黎,分流其子孙,为居于西裔者三苗。"足见三苗乃九黎之后的又一强大部落联盟。三苗部落人数众多,又有着洞庭、鄱阳诸湖和汶山、衡山等地理方面的优势,势力得以迅速振兴,成为一个实力雄厚的部落联盟,与尧、舜、禹相抗衡。尧时,三苗在江淮荆州数为乱,有苗民处南蛮而不服,尧便发兵征有苗,在"丹水之浦"将有苗打败。舜时,三苗仍不服,禹便主张以武力服之,舜初不敢轻举妄动,用笼络之策以安抚,但收效不大,舜才命禹将其征服,并趁势强迫三苗改习易俗,此即"舜却苗民更易其俗"(《吕氏春秋·召类》)。然而武力的胜利不可能将三苗彻底征服,最后舜不得不亲自率众大举南下,以图一举而歼之。但由于舜力不从心,终于死于途中,"舜南征三苗,道死苍梧"(《淮南子·修务》)。舜的两个妻子娥皇、女英见丈夫南征不回,绝望而哭死洞庭,成为"斑竹一支千滴泪"这一名句的典故。说明三苗具有较强大的势力,并长期与尧、舜、禹为首的部落联盟进行过长期的抗争。

　　商、周时期,三苗的主要部分仍在长江中下游地区与其他民族杂处,被称为"荆楚",即"南蛮",后来荆楚(南蛮)的社会经济得到不断发展,其中较先进的楚人,又被专称为"荆蛮"。"荆楚"(南蛮)

是从三苗中的一部分发展起来的。"荆楚"中"党众繁多",包括了楚人和其他蛮人在内,各部分之间的发展是不平衡的,但历史关系却是密切的。从商王朝起,就把"居国南方"的荆蛮视为肘腋之患,而不断以武力相待,"挞彼殷武,奋发荆楚"(《诗经·商颂·殷武》)。代商而起的周王朝,对荆蛮仍然采取敌视态度,屡屡出兵攻击,"蠢尔蛮荆,大邦为仇"。春秋时,更以"南蛮与北狄交,中国不绝如缕"(《公羊传》),表达了对部分南蛮的发展所产生的忧虑之情。到春秋初年,楚人与南蛮有了明显的区别,楚人已经发展成为春秋战国时期"五霸"、"七雄"之一的楚国的主体居民。

南蛮中除分化出去的一部分形成为楚族外(后成为汉族的一部分),其余的部分,聚居在楚国西部边境。初期仍与楚国不断发生纠纷,后来服属于楚国,成为楚国统治下的少数民族,这一部分南蛮就是秦时黔中郡的"黔中蛮",汉时武陵郡的武陵蛮(五溪蛮)。

九黎、三苗、南蛮之间有着一脉相承的渊源关系。据记载,蚩尤和驩兜都被说成是有翼能飞行,"画本以飞兽,有肉翅者谓之蚩尤"(《日下旧闻考》卷二);"驩头(驩兜),人面鸟啄,有翼,……杖翼而行",还说"有人有翼,名曰苗民,……欢头生苗民"(《山海经》)。蚩尤为首的九黎和驩兜时期的三苗都被说成是有翼,能飞行,反映了两者都奉行鸟图腾崇拜,说明这两个部落联盟有着渊源关系,后者(三苗)是前者(九黎)的苗裔,他们不仅有相同的图腾信仰,而且又同一居地,都居住在我国的东南部。至于南蛮,从"放驩兜于崇山以变南蛮"和尧时"诸侯有苗氏处南蛮而不服"等记载来看,可见南蛮是被驱逐到长江以南地区的部分三苗的别称,实际是三苗的一个支系。而前面提到的"荆楚"则是商、周时期对两湖地区"南蛮"的称谓,反映了南蛮系三苗之后裔。

九黎、三苗、南蛮,根据学者们的研究认为是苗族最早的祖先,换言之,九黎、三苗、南蛮中包含了苗族先民在内。九黎之君系蚩尤,蚩尤者,苗族始祖之一。蚩尤与苗族的关系十分密切。苗族人民至今还保留有不少与蚩尤有关的传说和习俗。《苗族史诗》中有"枫木篇",说苗族人民对"枫木"顶礼膜拜。枫木与蚩尤有关系,"枫木,蚩尤所弃其桎梏,是谓枫木",枫木乃蚩尤族的图腾之一。苗族将与蚩尤直接有关的枫木作为始祖崇拜,把蚩尤族的图腾保留至今,说明苗族与蚩尤有着密切的渊源关系。苗族人民还较为普遍地将蚩尤视为自己的先祖。有的地区苗族祭祖时,要祭"培尤",即尤公,尤公就是蚩尤。并传说"培尤"是一位勇敢善战,纪律严明的叱咤风云的英雄人物。祭祀"培尤"时不准将任何祭品遗留地面,不准击鼓,祭者不准着汉装,不准说汉话,据说,是当年祖先培尤战败而退入山洞林箐,这些"不准"的规定是避免敌人发现。在四川南部和贵州西北部苗族地区还有"蚩尤庙",并受到苗族人民的供奉。又史籍记载,寿张县(山东东平县)有"蚩尤冢",人们常在十月祀之,而今黔东南苗族在每年阴历十月过年祭祖,这与十月祭"蚩尤冢"有关。还有史籍记载,苗族"跳月"或"踩花山"的节日是古代蚩尤部落的遗风,相传这是蚩尤被黄帝战败以后退入深山密林,为召集四散的部众而进行的一种活动,被苗族沿袭下来成为一种传统的节日。

驩兜是三苗的首领,他是继蚩尤之后苗族又一始祖,在苗族民间也有一定的影响。湘西苗族牯藏祭,先祖之一就是仡欢,即驩兜。湘西苗族五大姓的石姓,苗语呼为仡驩,有的直接呼为驩兜。湖南大庸、泸溪、花恒等县苗族分布地区还有驩兜墓、欢庙等与驩兜有关的地名和文物。古人还留下有"古来尧禅舜,何必罪驩兜"的诗句。此外,许多史书都认为苗族和三苗有亲缘关系,"苗人,古三苗

之裔也"，"考红苗蟠据楚、蜀、黔三省之界，即古三苗遗种也"。说明三苗是苗族的先民。

南蛮与苗族的关系更为密切。楚之君熊渠、熊通等，一向自称"蛮人"（南蛮）。史书也记载"楚为荆蛮。熊氏、芈姓楚之后，皆为南蛮姓氏，今湘西苗族中还保留有熊、芈等蛮人之姓。湘、鄂、川、黔边界还有自称仡熊的苗族。而楚国西境地区的南蛮，即为秦时黔中蛮，汉时武陵蛮（五溪蛮），学术界较一致认为武陵蛮是苗族的先民（其中包括瑶族先民）。可见南蛮也是苗族的先民。

综合上述文献记载和民俗资料来看，黄帝时的九黎，尧、舜、禹时的三苗乃九黎的后裔，商、周时的南蛮则又是三苗的遗裔。这三个古老的民族都与苗族有着十分密切的渊源关系。

苗　族

杨　胜　勇

　　苗族，是中国历史上颇具影响的少数民族之一，它在共同缔造我们伟大祖国的长期发展过程中曾作出过突出贡献，并一直以其历史悠久，分布面广，富于反抗精神和具有丰富多彩的文化而著称于世。

　　作为一个古老的民族，苗族的族属渊源可上溯到远古时代的"九黎"、"三苗"、"南蛮"。据史籍所载，早在距今五千多年前，生活在我国长江中下游和黄河下游一带的原始人类，经过世代繁衍发展，逐渐形成为一个强大的部落联盟，即所谓的以蚩尤为首领的"九黎"，与此同时，以黄帝为首的另一部落联盟也兴起于黄河上游的姬水，并逐步向黄河下游发展，两大部落联盟遂发生冲突，涿鹿一战，"九黎"挫败，失却北方领地，专依长江中下游为中心，继续扩展实力，至尧舜禹时期，形成为新的部落联盟，史称"三苗"、"有苗"或"苗民"。三苗人众势大，且依恃江湖山川的地理优势，与尧、舜、禹为首的部落联盟长期抗争，后被击败，被迫再次大规模徙往西北

和荆襄一带,即所谓"窜三苗于三危(今甘肃敦煌一带),放驩兜于崇山(今湖南大庸一带)"。史籍中"放驩兜于崇山以变南蛮"以及"诸侯有苗氏处南蛮而不服"的记载,不仅反映了这一历史变迁,而且也明确指出了苗族先民"南蛮"与"三苗"之间的亲缘关系。嗣后,据史籍记载和苗族传说、古歌的记述,苗族先民因战争、饥馑、病疫流行、人口压力、耕作技术低下等原因,不断流徙,其大方向是由东向西,由北向南,在迁徙过程中,除部分融合于汉族之中外,至明清时期苗族的主体基本分布于以今云贵高原为中心的西南山区。此外,由于征调、掳掠等原因,有部分苗民散居于全国各地以及中国版图之外,形成为大杂居、小聚居的分布特点。

苗族在历史上迁徙频繁,空间分布变化巨大,其族称在不同时期不同地域各不相同,传说时代的"九黎"、"三苗"、"有苗"、殷周时的"髳",春秋时的"荆蛮"、秦汉时的"黔中蛮"、"武陵蛮"(或五溪蛮)等都包括有苗族先民在内,因此,这些称呼可以说就是不同历史时期苗族的民族称谓。唐宋以后,由于苗族不断显示其影响,引起封建王朝的注意,各代中央王朝与苗族的接触日益频繁,对苗族的认识逐步加深,于是"苗"遂从若干少数民族混称的"蛮"中脱离出来,作为单一民族的族称重现于文献中,如唐代樊绰《蛮书》卷十中便有"黔、泾、巴、夏,四邑苗众"的记载,宋代朱辅《溪蛮丛笑》中明确指出"五溪之蛮……今有五,曰苗,曰徭,曰僚,曰仡伶,曰仡佬"。也正因苗族分布广影响大,所以元明清时期,官私记载中又将与苗族杂居的其他少数民族也称之为"苗",于是出现了"夷苗"、"仲家苗"(布依族)、"洞苗"(侗族)、"水家苗"(水族)、"倮倮苗"(彝族)等等,这里的"苗"便有成为西南许多少数民族的泛称。而真正的苗族因服饰、习俗、地域等的差异又有着种种不同的称谓,如红苗、黑苗、白苗、花苗、短裙苗、峒苗、高坡苗、黑山苗、九股苗、八番苗、镇箪苗等,有关史籍划分不一,情况极为复杂。

和所有其他民族一样,苗族先民也经过了一段漫长的原始社会时期,大约从公元前四十世纪起,生活在黄河下游和长江中下游的苗族先民经过长期发展,逐步摆脱原始游群状态,进入母系氏族社会,而自前三十世纪到前二十一世纪,苗族社会由母系氏族时代演进到父系氏族时代,并形成为强大的部落联盟。自前二十一世纪至前二世纪,苗族原始社会逐步解体而为他族奴隶主所控制。这段历史因年代久远,没有充足的材料以还其历史原貌,但在苗族民间留下的原始社会遗迹、古歌、传说及汉史的有关追述中,不仅有以树叶为衣、以岩穴树巢为家,以女性为首领等情况的大量反映,而且还有从母权制过渡到父权制、由血缘婚到对偶婚的演变痕迹。秦汉之际,封建王朝在大多数苗族分布区建立郡县,实行"附则受而不逆,叛则弃而不追"的羁縻政策,由于外界影响的加强,铁器和先进的生产技术不断传入,推动了苗族社会经济的发展,五溪地区的少数民族已开始从事农业生产,并掌握了用木皮织绩和以草籽染色的染织技术,出现了产品交换。但氏族内部首领与氏族成员之间地位平等,生产力水平还很低下,仍处于原始社会阶段。至魏晋南北朝时期,武陵地区的农业生产已相当发展,其他如冶铁和炼朱砂、水银等技艺也日益提高,用剩余农产品和手工制品交换食盐的贸易市场已经出现,苗族的生产力在此时也相应地取得了进步,苗族的原始社会全面解体,原由血缘关系组成的氏族公社,已逐渐发展成为以地缘关系的农村公社。唐宋之际,社会生产力的巨大进步,推动苗族逐步向阶级社会过渡,农村公社的首领已拥有了土地支配权,随着汉、苗等民间的频繁接触,在汉族领主经济的影响下,

苗族封建领主经济开始形成并得到发展。有些苗族"蛮酋"、"蛮帅"成为世袭的土官,领有大量的土地,而其辖境内的广大苗民则沦为农奴(称为"田丁"),他们耕种领主的土地,交纳赋税和服无偿劳役,并无条件地参加领主间的血仇械斗,为其卖命。此时期苗族的农业已有了很大发展,今黔东南和桂西北已"稻粟再熟",湘西地区甚至出现了存粮有"三年之积"的情况,其他如畜牧、纺织、蜡染、冶金等生产也发展很快,产品交换日益频繁,云南和贵州罗甸地区已用海贝作为货币进行流通。

宋代,为稳靖边地,加强中央与地方的关系,中央王朝开始用官职来笼络各族首领,许多土官均受封赏世袭,遂成为大大小小的土司。土司制度自南宋产生之后,至元代普遍实施,明代发展趋于完备,清初因袭,是元明清封建王朝统治南方少数民族的主要制度。土司制度的推行,使苗族地区封建领主经济得以巩固和发展,大部分土地都被大大小小的土司土目所占有,苗族和其他民族的农奴很少或根本没有土地,他们在土司土目的"官土"、"私庄"上耕作,而土司则拥土称霸,为所欲为,他们对农奴实行苛重的劳役地租和实物地租的双重剥削,往往在"年例年租之外,多方科派",以致苗奴"苦累殊甚",社会两极分化十分严重。不仅土司制度的诸多弊端极大地阻碍了苗族社会的发展,同时封建最高统治者也不满足于对土司的单纯遥控,只要条件成熟便实行"改土归流",变间接管辖为直接统治。早在明永乐十一年(1413),以相互仇杀,扰害地方为借口,将思州宣慰使田琛和思南宣慰使田宗一并裁废,于其地设思州、思南、黎平、铜仁等八府。弘治十五年(1502)在湖南城步苗区开始有步骤地实行改流,其他地区也开始派驻流官,对各地土司加以监控,至清康熙四十二年(1703),中央王朝在苗区开始大规模的

"改土归流"，并驻兵屯防。在封建王朝强有力的打击限制下，土司政权受到削弱，土司制度日趋衰落，领主经济走向崩溃，地主经济继之勃兴并得到较快发展，于是在苗区出现了不少田广势盛的汉、苗大地主和大批中小地主，广大苗民则因土地兼并严重、封建剥削酷烈而"转至失业，贫难无度者日多"，纷纷沦为地主任意宰割的佃农和受封建国家直接剥削的自耕农。但是地主经济代替领主经济，客观上推动了社会的发展。

明清之际，苗族的社会生产力有了很大提高，铁质工具已普遍使用，"刀耕火种"农业已具有了近现代的特征，作物品种逐渐增多，同时还掌握了水稻栽培技术，农作物产量大增。而农业的发展极大地促进了其他各业的进步。手工业方面，苗民所使用的各式农具及生活器用，不仅"皆自为之"，而且工艺极精，蜡染制品如苗锦、花练及苗刀苗枪、银饰等，具有极高的欣赏价值和实用价值，堪称苗民手工制品的杰作。此外，林业、畜牧业、冶金等也都取得了前所未有的进步，而且各业产品的商品率不断提高，商业活动空前活跃，苗区已出现了定期的集市和一些职业商人，货币已进入众多苗民的生活之中，价值观念开始缓慢地发生变化，商品意识已经萌发。

但是在湘西的腊耳山区、黔东南的牛皮箐山区和黔西北的乌蒙山区等地的苗民，仍处于"无君长，不相统属"的状态，被封建统治者及其文人称为"生苗"，其居地则被称为"生界"，"生界"的苗民尚处于农村公社末期，仍由"榔"、"款"首领管理。"榔"、"款"是苗族由原始氏族转变为农村公社时产生的一种社会组织形式，南宋时称为"门款"，清代称"合款"或"宰款合榔"。一般是集一个或几个鼓社(苗族古代社会的基层组织，由同宗的一个或几个村寨组成)为一

小款,几个或数十个鼓社为一大款,有公众制定的"款约"、"椰规",具有盟约和习惯法的双重性质,对内维持社会秩序、保护个人和公共财产、规范社会道德;对外互相团结支援,合力对付其他民族或官兵的侵犯。"椰头"、"款首"皆由公众推举产生,拥有排解纠纷、主持祭祀、指导生产、指挥战斗等职能,但无特权,椰款内成员一律平等。处在"生界"苗区的苗民,其社会生产力极为落后,铁质工具极为有限,进行的仍是游徙不定的"刀耕火种"的原始农业,采集、狩猎等前农业生产部门在生产中仍占有相当重要的地位,集体劳动、平均分配仍是其社会生活的最显著特征。由于丛山峻岭的困围和封建统治阶级人为的阻隔,他们与外界的交往稀疏,新的生产方式难以传入,使其长期处于封闭和停滞的状态,直到清末,上述地区不少苗民仍处于"刀耕火种"的原始落后状态。

苗族是一个勤劳勇敢而又爱好独立自由的民族,历史上,苗族人民曾无数次显示过自己不畏强暴的精神和力量。其中较著名的有东汉建武年间(47—49)武陵蛮帅相单程领导的大起义和建初元年至元初三年(76—116)武陵、澧中、零陵等地各族人民掀起的一系列抗暴抗捐斗争,北魏正始元年(504)钟离、义阳地区的"荆州蛮"反横征暴敛的大规模起义及北周天和元年(566)冉令贤领导的荆、雍二州苗族及其他少数民族的起义。唐代,元和六年(811)黔州各族人民在蛮酋张伯靖领导下,进行了为时三年的反抗斗争;北宋元祐年间(1086—1093)五溪地区苗、侗人民在杨晟台、粟仁催率领下掀起反抗暴政的斗争,迫使宋王朝对五溪郡"弃而不问"。元代有至元年间今川、黔、湘、鄂四省边区"九溪十八洞"苗族、土家族人民的反抗斗争、至正年间(1346—1349)吴天保领导的湘西苗、瑶等族人民的大规模起义。清代苗族人民的起义规模更大,著名的有:雍乾时期包利、红银领导的古州苗民大暴动,清王朝调用7省兵力才镇压下去;乾隆六十年(1795)黔东、湘西等地苗民在石柳邓、吴八月等领导下掀起大起义,提出"穷苦兄弟跟我走,大户官吏我不饶"的口号,并与白莲教起义相呼应,声势浩大,给清王朝以沉重打击;咸丰五年(1855)在太平天国的影响下,黔东南爆发了张秀眉领导的苗民大起义,势力波及黔、湘、桂、川、滇诸省,起义军与"号"、"教"军及太平天国石达开部相配合,有力地打击了清王朝和帝国主义的势力,坚持斗争达18年之久,在中国史上写下了光辉的篇章。

苗族在长期的生产实践和反抗斗争中,形成了自己日益鲜明的民族特色,有着丰富独特的民族文化。

在居食文化方面,自"三苗"被打败时起,部分苗族先民被迫迁往地旷人稀的山区,大约在距今四千年左右,苗族就形成了山居的特点,《后汉书·南蛮传》便有苗族先民"好入山壑,不乐平旷"的记载,而当苗族大量迁至西南山区时,这一特点更加突出。苗族一般都居住在半山和山岭之上,河谷平坝鲜有苗民居住。地区因这一特点,苗族的住宅多为杆栏式建筑,吊脚楼和"权权房"为苗族主要的住宅式样。由于苗民多居于山区,地理条件和生产力水平的限制,使他们只能因地制宜,实行"刀耕火种"的农业生产,其产品主要是玉米、麦类、高粱、稗类、小米和薯类等。虽然有些地区的苗族"依水凿田",掌握了水稻栽培技术,但品种也多以糯谷为主,因此,他们的主食也主要是上述产品。由于农产品产量有限,为维持生活,往往以渔猎、采集所获作为补充。

在婚丧方面,自发展到对偶婚阶段后,苗族的婚姻多以自由结合为主,青年男女通过"跳月"、"游方"选择配偶,当双方私订终身后才告知父母,然后由男方以聘礼向女家求婚。随着社会的发展,

媒妁说合,门当户对等封建化程度逐步加深。在苗族婚姻中,还有着抢亲、同姓不婚、姑舅亲(又称"还娘头")、不落夫家、兄终弟及等习俗。苗族的家庭形式以一夫一妻制父亲小家庭为主,财产由男子继承。苗族有自己的姓氏,并有父子连名字的制度。但随着社会的发展,有些地区通用汉姓。古代苗族的丧葬主要有悬棺葬、岩棺葬和土葬三种。在唐代,五溪地区的苗族盛行悬棺葬,到明清时期,虽然以上三种葬俗并存,但以土葬为主,而土葬中又有顺葬、横葬两种葬式,横葬主要盛行于迁自东方的支系,将死者头东脚西埋葬意在追念迁徙历程,告知后人,不忘故土。苗族每遇老人亡故,都要椎牛杀猪,置酒食以宴亲友,并敲铜鼓、吹芦笙以闹丧。富足人家要请巫师"开路",超度亡灵"升天"和沿着祖先迁徙的路线返回本民族的发祥地。

苗族使用的语言,经今人研究,属汉藏语系、苗瑶语族、苗语支,其中有湘西(东部)方言、黔东(中部)方言和川黔滇(西部)方言。苗族古代没有本民族的文字,但他们在生产斗争实践中创作了丰富多彩的口头文学作品,它们以神话传说和古歌的形式广泛流传于苗族人民中间,经今人整理定名得以以文字形式留存和更广泛的传播。从整理所成的作品看,古代苗族的口头文学作品取材广泛,形式多样,语言生动。其中有反映苗族先民对天体运行、万物存在和演变认识的神话,如《开天辟地》、《铸造日月》、《打柱撑天》、《谷佛补天》、《混沌天地》、《杨亚射日月》等;有反映人类起源的古歌,如《兄妹结婚》、《枫木歌》等;反映古代劳动生产、与自然作斗争的则有《打杀蜈蚣》、《狗取粮种》、《则嘎老》、《纺织歌》、《刺绣歌》、《蜡染歌》等;还有反映苗族婚姻制度演变和婚俗的《嫁男歌》(又叫《换嫁歌》)、《分支开亲歌》、《出嫁歌》、《哭嫁歌》及《阿娇与金丹》、

《仰阿莎》等；反映社会问题的则有大量的《巫词》、《榔词》、《理词》等；反映苗族历史大迁徙的苗族古歌也有相当分量，其中主要有《跋山涉水》、《休相休玛》、《龙乌支离》、《三位老人》等。此外，在浩瀚的苗族口头文学作品中，还有一类是歌颂苗王和苗族英雄的诗歌和传说故事。如《苗王张老岩》、《阿秀王》、《独戈王》、《百鸟羽龙袍》、《告刚》等。所有这些全面反映了苗族人民在古代各个历史时期生产斗争、生活习俗的情形和特点，堪称为民族文学宝库的珍品。

苗族是一个能歌善舞的民族，其音乐舞蹈有着悠久的历史，史籍中多有苗族男吹笙女振铃的记载，而且其歌舞风格独特，水平颇高，其击鼓吹笙，轻歌曼舞，"举手投足，疾徐应节"。苗族的乐器有打击乐和管弦乐两类，以木鼓、皮鼓、铜鼓和芦笙最为驰名。舞蹈则有芦笙舞、板凳舞、猴儿鼓舞等。

苗族民间还有瑰丽多彩的工艺美术，其中刺绣、挑花、织锦、蜡染、银饰，历史悠久，是著名的几大工艺，其图案式样设计之精美，制作技艺之精湛，久负盛名，充分体现了苗族人民聪明的智慧和独特的审美能力。

古代苗族的节庆活动很多，其中"鼓社节"最为隆重。鼓社节，苗语称"努江略"，即史籍中所谓的"吃牯脏"，它集庆祝丰收和祭祀祖先为一炉，既热烈又严肃。举行鼓社节庆典的年届因苗族居住分散，各地情况不一，有的是五年一祭，有的则长至二十五年，但多数地区是九年、十年或十三年，而在一年中又各有不同，多数则是在农历十月秋成之后。庆典由鼓社头人主持，活动项目很多，既有祭祀祖先、繁衍后代的内容，也有庆祝丰收的欢跃和对发展经济的祈祷；既有礼乐教化、宏扬本民族的宣传，也有崇尚武功、反抗外敌的

演练,内容极为丰富。在鼓社节期间,还要举行各种盛大的娱乐活动,如跳芦笙舞、斗牛、赛歌等,同时这也是苗族青年男女社交"游方"的大好时机。后来随着历史的发展,鼓社节逐步演变为一年一度的苗年。除鼓社节外,苗族中还盛行"四月八"、"吃新节"、"赶秋"和芦笙会等节庆娱乐活动。

苗族没有本民族的宗教,他们信仰万物有灵或多鬼神,祀奉祖先、崇拜自然。认为神灵具有不可抗拒的支配力量,无论消灾除病,还是求取年成都祈求于神灵与祖先的保佑。此外,苗族中还有对自然物(如大树、怪石、河流等)和人造物(水井、板凳等)的崇拜和祭献。祭祀活动多由巫师主持,以酒、肉、鱼、鸡、鸭、糯米等作为祭品。这一方面反映了苗族人民对美好生活的渴望,同时也表明了他们对事物认识水平和生产发展的局限。但是,苗族人民毕竟以他们的勤劳勇敢、聪颖才智和开创精神,显示了自身的影响和民族特色,在中国古代史上写下了不朽的篇章。

滇　族

童　恩　正

　　碧波万顷的滇池,曾经见证过多少伟迹丰功,经历过多少风云变幻。在它周围发生的数千年往事,曾经被诗人概括为"汉习楼船,唐标铁柱,宋挥玉斧,元跨革囊",这也就是说,人们所重视的,仅仅是与中央王朝发生关系的政治史。然而在汉代或汉代以前,这一区域是什么民族在居住呢?他们的社会经济生活又是怎样的呢?记载简略的古代文献不足以回答这些问题,人们把希望寄托于考古发现。

　　早在 1954 年,考古工作者就在滇池东岸的晋宁县石寨山进行过考古发掘,这一次发掘了两座西汉前期的墓葬,出土的器物很特殊,带有浓厚的少数民族色彩,引起了国内外学术界的注意。1956年底云南省博物馆又组织了对石寨山墓葬群的第二次发掘,……这次发掘,又取得了许多重大的成果。

　　现在正在清理的,是田野编码中的 6 号墓。这座墓的规模较大,长 4.2 米,宽 1.9 米。有漆棺作葬具。挖去一层一层淤土,大量的

铜器、金银器、玉石器逐渐在人们眼前展示出来。当清理工作快到棺底时，突然在随葬物中出现了一枚亮铮铮的金印。考古队的队长亲自将它捡起，拂去尘土，发现上面清晰地刻着四个篆字："滇王之印"。瞬刻之间，发掘工地上爆发了一片欢呼声。人们奔走相告：他们挖到滇王墓了！滇族的遗迹找到了！

滇是战国到西汉前期居住在云南滇池地区的一种民族，他们的事迹在司马迁的《史记·西南夷列传》中有着简略的记载。大意是说滇是西南夷的一种，居住在夜郎之西。他们有村落，经营农业，发式是"椎结"（椎就是锤。意即梳在脑后的锤形发髻）。在楚威王时，楚将庄蹻率兵征服了滇池地区，但由于其时秦夺取了楚的巴郡和黔中郡（今川东、湘西、黔东北一带），断了庄蹻的归路，他无法回报，只有在此称王。①秦代有可能在此设置过官吏。西汉初年，这一地区又脱离了汉王朝的统治。一直到汉武帝元封二年（前109），滇王才归附了汉朝，"于是以为益州郡，赐滇王印，复长其民"。现在由于滇王金印的发现，印证了《史记》记载的正确，断定了石寨山是滇王及其族人的葬地，考古工作者怎能不感到兴奋呢？

《史记》的记载虽然很有价值，但却过于简略，而且偏重于政治史。对于滇族的社会、政治、风俗、习惯等，我们仍然知道得很少。由于在石寨山滇王室墓地发现了各种珍贵文物4000余件（其后在江川李家山、安宁太极山、楚雄万家坝等地也发现了类似的墓葬），包括生产工具、生活用具、装饰品、乐器、宗教仪式用品等等，反映了滇族奴隶社会各方面的情况。更加特异的是滇族在青铜器上塑铸了各种人物活动场景，刻绘了各种写实的图画，这就将当时人们的

---

① 关于庄蹻王滇的传说，经现代史学家考证，可能是不可靠的。

生产、战争、祭祀、乐舞等活动,直接展现在我们眼前。

农业是滇族主要的生产部门,工具是铜制的。种类有锄、铲、镰、斧、凿等,此外也有少量铁器。种植的作物是水稻。从青铜器上有关农业的图画来看,农业以及与农业有关的祀典,全是由妇女进行的。有一幅图画上刻有很多女奴集体往奴隶主的木仓送粮的形象,似乎暗示当时的剥削是以"贡纳实物"的形态出现的,也可能是以氏族或部落为单位,而不是个体的征集。

滇族的畜牧业也很发达,全部由男子承担。很多铜器上都刻有或铸有男奴牧放绵羊、山羊、猪、狗、马、牛的图像。在这些家畜中,牛是最重要的一种。它不仅是肉食的来源,而且是祭祀的重要牺牲和财富的象征,所以青铜器中以牛为饰的或单独的牛头饰物都很多。有的铜铸屋宇上,门前都挂有牛头,这种习惯在近代的佤族、景颇族中,均有保留。据文献记载,汉代中央王朝对云南地区作战,动辄虏获牛羊数万头,多则十余万头,足以反映出当时云南地区畜牧业的兴盛。不过,滇族虽然大量养牛,但并不食乳,所以不见奶牛或挤乳的图像。这种传统,在以后西南某些畜牧民族(如彝族)中一直保存。

滇族的手工业是非常发达的。他们制造的铜器,无论在铸造技术或造型装饰等方面,都达到了很高的水平。器物上面铸造和镂刻的各种人物和动物的图像,比例匀称,栩栩如生。装饰与器形往往融合成一个整体。艺术题材多偏重于写实,如人畜鸟兽,娱乐祀典等,具有独特的地方风格。在一件铜鼓形贮贝器的盖上,铸有一纺织作坊的生产图。女奴隶主高踞于榻上,虎视眈眈。其下服役的女奴有捻线的、纺织的、磨光的……,显示出一套完整的生产过程。

从有的装饰品上,还可以看出不同的手工业部门分工合作的

情况。如石寨山 6 号墓出土的一件扣饰,正面镶嵌一红色玛瑙扣,其外用朱、黑两色漆绘出八角光芒,边沿有鎏(liú)金半立体猴子一周。要制成这件扣饰,除了铜工以外,还需要金银工、玉石工、髹(xiū)漆工的配合,足见当时的手工作坊已有一定的规模。除此以外,滇族的金银器制品也很精巧,如剑鞘、臂甲、片饰等等。其上的花纹凸凹细致,是用模压法制成,即将金银薄片置于刻好花纹的木模上锤打成形,今云南傣族和阿昌族的工匠制作银器仍用此法。

滇族所住的房屋,是一种竹木结构的两层房屋,下层养牲口,上层住人,在屋前中央用独木梯上下。这种房屋古称"干栏",至今仍为西南许多少数民族所沿用。

根据《史记·西南夷列传》、《汉书·地理志》的记载,早在公元前三世纪后期的秦代,从四川通向云南的东西两条大路,即僰(bó)道路(由宜宾经曲靖至昆明)和青衣路(由雅安经西昌至昆明),即已开辟。巴蜀人民和滇族进行着频繁的贸易。滇人从蜀郡输入的有铁器、漆器和丝织品;蜀郡则从滇国输入牛、马、奴隶。石寨山墓葬中出土的一定数量的汉式器物,如铜戈、铜钟、铜洗、铜熏炉、铜盉(hé)、铜带钩、铜镜、长铁剑、五铢钱等,当系通过这种交换而来。从某些图像可以看出,在滇族地区内部,似乎已有原始集市,从事交易的全是妇女。滇族使用海贝作货币,所以随葬品中往往出土大量的贝,有的墓竟达一百五十斤之多,贵族并有一种专门贮藏贝的器物——贮贝器。

在奴隶社会中,战争与祭祀,是奴隶主最为重视的。所谓"国之大事,在祀与戎"。滇族的贵族遇有认为值得纪念的这类事迹时,他们也与殷周时代中原的贵族一样,需要铸器留念。由于滇族没有文字,所以他们就在青铜器(主要是贮贝器和某些饰物)上铸出人物、牲畜、房屋等立体模型,如同演剧似的,完全重现当时某一重大事件的场面。人物的高度一般虽只九到十厘米,但是活动多样,细节背景逼真,看了令人如身历其境。有的场景中参加活动的竟达一百二十七人之多。像这种用直观的方法记载历史事件的青铜品,不但在中国是惟一的,就是在全世界,也是极为罕见的。

这些场景的内容,有"诅盟"、"祈年"、"孕育"、"报祭"、"镖牛"等祀典,大部分均与祈求农业丰收的内容有关。在举行典礼时,多击铜鼓、沙锣、錞(chún)于,吹匏笙,歌舞杂沓。并实行人祭,有猎头风俗,崇拜蛇、虎,带有浓厚的原始宗教的色彩。其次为战争场面,贵族均骑马、戴盔披甲,一般的战士则徒步。武器有剑、矛、戈、弩等。作战的对象均为一种辫发的民族,当为《史记·西南夷列传》中所谓"皆编发,随畜迁徙"的巂(xī)、昆明。据说当汉武帝派使臣出使身毒国(今印度)时,"至滇,滇王尝羌乃留,为求道西十余辈。岁余,皆闭昆明,莫能通身毒国",足见滇与昆明是经常处于敌对状态的。至于战争的目的,无疑是掠夺奴隶和财富。有一铜牌饰上,铸有滇族战士手提人头,脚踏尸体,掠取辫发的妇女、儿童以及牛羊的形象。是一幅古代战争的生动写照。

在石寨山、李家山墓地,共出土铜鼓24面。这种铜鼓的共同形式是身分三段,胴(dòng,躯干)部突出,大于鼓面,束腰,足部外侈,胴腰结合处有四耳。纹饰有翔鹭、竞渡、羽人、干栏式房屋、牛、鹿、祀典场面等,属于铜鼓分类中的早期形式。这批宝贵的资料,对于研究铜鼓的起源和用途,有重要的科学意义。

在各种人物活动场面中,并不是仅有滇族,而是有相当多的其他民族参加。由于这些塑铸、镂刻的人物其发式、衣着、装饰均极逼真,所以民族学家甚至可以据此而进行"民族识别"的工作。有的同

志根据发式将这些民族分成四大类,即椎髻类、辫发类、结髻类和螺髻类。其中椎髻类是滇王国的主体民族,也是统治民族,据研究可能属于古代的濮僚系统,与现在的孟高棉语各族(佤、崩龙、布朗)及僮语支民族(僮)有关;辫发类属于古代嶲、昆明系统,与现在的彝语支各族(彝、白等)有关;结髻类属于古代滇西南黑齿、金齿、银齿诸部落,与现在的傣语支民族(傣)有关;螺髻类属于古代盘瓠系统,与现在的苗瑶语各族(苗、瑶)有关。后三类民族,在各种场景中均是以奴隶、俘虏或牺牲的身份出现,当为滇族治下的居民或敌对民族。

滇族的文化具有一种多元的、复杂的性质。它是以一种南方土著文化为基础,而又接受了中原文化及其邻近的巴蜀文化的影响,同时还吸收了某些北方草原文化的因素。出土器物中的动物形牌饰、曲刃剑、有銎斧等,都具有北方草原民族的风格。在铜铸人物中,有一种民族是深目高鼻,着短而称身的上衣和窄长裤,蓄长须,佩长剑,可能就是来自欧亚草原。

另一方面,滇文化又对东南亚的铜器时代文化,起了很大的影响。如在公元前二世纪的中期到公元一世纪繁荣于越南北部的东山文化,其干栏式房屋,击铜鼓的习惯,以及剑、戈、矛、靴形钺、玦形耳环等等器物,都和石寨山所出土的相似。以后滇文化中的某些文化特质(如铜鼓),又通过中南半岛而远达马来亚、爪哇等地。所以对滇文化的研究,也有助于解决东南亚铜器时代的若干问题。

虽然滇族有着悠久的历史,创造了富有特征的辉煌的青铜文化,但是自从汉王朝在此设置郡县以后,很快就为汉文明所融合。所以西汉以后,滇王国的事迹即湮没无闻,"滇"也不再以一种民族出现于历史舞台。现在由于当代考古学、民族学、历史学工作者的共同努力,才使这一被人遗忘的古代民族的史迹,再度显示在世人面前。

賨　人

杨　耀　坤

　　以今四川渠县为中心的渠江与嘉陵江流域一带，自商、周以来，就居住着一支少数民族，秦汉以后，人们称他们为賨(音琮)人。《华阳国志·巴志》说："阆中(今县)有渝水(嘉陵江)，賨民多居水左右。"又说："长老言，宕渠(今四川渠县)盖故賨国，今有賨城、卢城。"賨人就主要分布于今四川阆中与渠县一带。

　　賨人之得名，是因为他们向统治者缴的赋称为賨。《说文》说："賨，南蛮赋也。"但这种称呼始于何时呢？《太平御览》卷一二三引崔鸿《十六国春秋》说："秦并天下，以为黔中郡，薄赋其人，口岁出钱四十，巴人谓赋为賨，遂因名焉。"则"賨人"之称呼始于秦统一六国之后，而《华阳国志·大同志》又说賨人："汉兴，亦从高祖定乱有功，高祖因复(免除赋役)之，专以射白虎为事，户岁出賨钱口四十，故世号白虎复夷。"似乎賨人每口出钱四十又始于汉初。但现在尚无其他记载作佐证，不能确定其在秦或在汉。不过，秦至汉初的时间也不长，因而"賨人"的称呼大约始于秦汉之际。至于賨人在秦

以前的情况,现在还不大清楚,有的学者认为,《尚书·牧誓》篇中记载随周武王伐纣的八族之一的彭人,可能就是賨人。

賨人在作战时常执木楯牌,所以人们又称他们为板楯蛮。《华阳国志·巴志》记载了賨人的事迹与传说,并说賨人"一曰板楯蛮"。《后汉书·南蛮传》中也有一段专载板楯蛮的,其事迹与传说和《华阳国志》所载相同:

> 板楯蛮夷者,秦昭襄王时有一白虎,常从群虎数游秦、蜀、巴、汉之境,伤害千余人。昭王乃重募国中有能杀虎者,赏邑万家,金百镒。时有巴蜀阆中夷人,能作白竹之弩,乃登楼射杀白虎。昭王嘉之。……至高祖为汉王,发夷人还伐三秦。秦地既定,乃遣还巴中,复其渠帅罗、朴、督(《华阳国志》作"昝")、鄂、度、夕、龚七姓,不输租赋,余户乃岁入夷钱口四十。世号为板楯蛮夷。

本来《华阳国志》与《后汉书》对賨人即板楯蛮的记载是很清楚的。但至南朝刘宋初年的《晋中兴书》及北齐魏收所撰《魏书·賨李雄传》便说賨人为"廪君之苗裔"。唐人修《晋书·李特载记》亦照此说,并将廪君蛮的传说也全部写入《载记》,后世的有关著作也大多照样沿袭。这就造成了賨人族源的混乱。关于廪君蛮的事迹与传说,在《后汉书·南蛮传》中也有详细的记载:

> 巴郡南郡蛮,本有五姓:巴氏、樊氏、曋(音审)氏、相氏、郑氏,皆出于武落钟离山。其山有赤黑二穴,巴氏之子生于赤穴,四姓之子皆生黑穴,未有君长,俱事鬼神,乃共掷剑于石穴,约能中者奉以为君。巴氏之子务相乃独中之,众皆叹。又令各乘土船,约能浮者,当以为君。余姓悉沈,唯务相独浮,因共立之,是为廪君。乃乘土船,从夷水至盐阳。……廪君于是君乎夷城,

四姓皆臣之。廪君死,魂魄世为白虎。巴氏以虎饮人血,遂以人祠焉。

从上述板楯蛮与廪君蛮的事迹与传说看,他们二者是有所不同的。二十五年前缪钺先生已指出三个方面的不同[①]:一、居住地区不同。板楯蛮居于渝水左右,而廪君蛮则居于夷水流域,即今湖北西南部之清江流域。二、族的姓氏不同。板楯蛮有罗、朴、昝、鄂、度、夕、龚七姓,而廪君蛮则是巴、樊、暉、相、郑五姓。二者无一相同的姓氏。三、神话传说不同。廪君蛮的传说认为,他们的祖先廪君死后,魂魄化为白虎,因而该族尊崇白虎。而板楯蛮的传说则是射杀白虎。这个传说大概反映了廪君蛮曾侵扰过秦、蜀、巴、汉地区,而被板楯蛮所击败。故《全唐文》卷七四四卢求《成都记序》说:"(秦)昭襄王时,白虎为患,盖廪君之魂也。"并且《后汉书·南蛮传》将樊瓠蛮、巴郡南郡蛮、板楯蛮分别叙述,也清楚地表明了他们是不同的三族。

賨人是支勇武的民族,《华阳国志·巴志》说他们"天性劲勇"。故秦末刘邦为汉王时,阆中人范目就向刘邦建议用賨人为兵,賨人遂随刘邦平定关中立了功。在汉王朝建立后,賨人就得到了优待。东汉时,政府对西南之用兵也往往借助于賨人。如汉安帝永初(107—113)中,西羌掠夺汉中,攻没郡县。汉政府就依靠賨人的勇武,才把羌人击退了。羌人因而畏惧賨人,"尽号为神兵。……传语种辈,勿复南行"(《华阳国志·巴志》)。賨人也素有反抗精神,东汉时期,汉政府逐渐破坏了优待賨人的常规,加重了对賨人的剥削,特别是地方的贪官污吏,对賨民的剥削压迫就更深重。汉灵帝光和初,益州计曹掾程包就指出:"长吏乡亭,更赋至重,仆役过于奴婢,

---

① 见缪钺《读史存稿》,三联书店,1982 年 5 月第 2 版。

箠楚降于囹圄。"(同前)这就必然引起賨民的反抗。在汉顺帝、桓帝两朝，賨民就多次进行反抗。灵帝光和二年(179)，賨民更举行了大规模的起义，"攻害三蜀(蜀、广汉、犍为三郡)、汉中，州郡连年苦之"(同前)。后来汉政府撤换了地方官吏，才把起义平息下去。

賨人还喜爱歌舞，他们不仅在日常生活中善于歌舞，尤其在作战胜利后，更要载歌载舞地尽情欢乐一番。《华阳国志·巴志》说他们在参加汉王刘邦平定关中的战役中，"为汉前锋，陷阵锐气，喜舞。帝善之，曰：'此武王伐纣之歌也。'乃令乐人习学之，今所谓巴渝舞也"。《晋书·乐志》还说汉魏时賨人舞曲尚有《矛渝本歌曲》、《安弩渝本歌曲》、《安台本歌曲》、《行辞本歌曲》四篇。賨人是一个能歌善舞的民族。

东汉末，张鲁据有汉中，并承继其父祖之业在群众中传播五斗米道，"賨人敬信巫觋，多往奉之。值天下大乱，自巴西之宕渠迁于汉中杨车坂，……号为杨车巴"(《晋书·李特载记》)。賨人就这样从故乡迁到了汉中。建安二十年(215)，曹操攻下汉中，张鲁投降，徙于汉中的賨人也归附了曹操。为了战略的需要，曹操又把他们"迁于略阳，北土复号之为巴氐"(同前)。賨人迁居汉中后，人们之所以称他们为"杨车巴"，因为他们是从巴地迁去杨车坂居住的巴人。而现在他们迁居于略阳(治今甘肃天水县东北)，又称他们为"巴氐"，是否又意味着他们是巴地的氐人呢？有的学者正是这样理解的。但他们毕竟是賨人而不是氐人，所以中华书局点校本《晋书》的《李特载记校勘记》就认为"巴氐"疑为"巴氏"之讹。但是，《晋书·李特载记》的"巴氐"，恐不是文字的讹误。"巴氐"之称呼，在晋人的谣语中早就有了。《华阳国志·大同志》记载永嘉四年(310)文石据巴西降罗尚后，谯登又进住涪城，张罗又进据犍为之合水，于是"巴蜀为语曰：'谯登治涪城，文石在巴西，张罗守合水，巴氏那得前'"（《蜀中广记》卷九，《名胜记》绵州条引《李雄春秋》亦同）。晋人除了称居于略阳的賨人为"巴氏"外，还有称之为"秦氏"的。《华阳国志·大同志》记载西晋末成都功曹陈恂在谏止成都内史耿滕欲入益州州城时，就称略阳賨人李特、李庠为"秦氏"。这说明晋人确实称居于略阳的賨人为"氏"。这是什么原因呢？缪钺先生认为，略阳是氏族聚居地，大概巴地的賨人迁到略阳后，沾染了氏族风习，所以人们就称他们为"巴氏"。"巴氏"之义，就是巴人而氏化者。而"秦氏"之称，则因为他们氏化而又居于秦地之故。

賨人自从汉中迁至略阳后，就与当地的氏族人民共同生产生活，过了八十多年。至晋惠帝元康中（291—299），由于关陇地区少数民族不断起义，晋廷又屡派重兵镇压，再加天灾频繁，致使人民群众无法维持生活，便出现了大规模的流民运动。元康八年（298），秦州略阳、天水等六郡的賨、氏、汉人民，在賨人李特及其他氐豪、大姓带领下，大量拥入梁、益二州。后来，流民推李特为主起兵反抗，屡败官军，李特弟兄及其子侄遂乘机建立了大成政权（后又改称为汉，史称成汉）。这是五胡十六国时期出现最早的封建割据政权。它前后总共存在了四十五年。这是賨人历史的鼎盛时期。至成汉后期，今贵州一带的僚人大量拥入巴蜀地区，原留居未徙的賨人便被僚人所融合，而迁至略阳或又进入蜀土的賨人，则又分别融合于氏族或汉族，而最后他们又大多融合于汉族了。故在东晋以后，就未见到賨人的记载了。

濮　人

胡绍华

　　濮人，又称百濮，是我国古代南方和西南地区的一个古代民族的族称。

　　濮人的濮字，按其字意有多种解释，归纳《广韵》、《集韵》、《康熙字典》、《辞源》和《辞海》诸书的解释共有五种：一为种族名，二为古水名，三为州郡名，四为竹名，五为姓。这五种解释中"种族名"应当是主要的，因为凡是带"濮"字的均与濮人有关系，所谓"濮水"是以沿河两岸住有濮族而得名；所谓"濮州"是以其州居民有濮族而得名；所谓"濮竹"是以其竹产自永昌（今云南省保山）之濮族地区而得名，所谓"濮姓"是以其人出自濮族而得姓，可见，"濮"字均与濮族有密切关系。

　　濮人这一称呼历史渊源已久，《尚书·牧誓》中就记载说，濮人已经参加到周武王伐纣的军队之中，是武王伐纣军队中八个少数民族之一。这是濮人在历史文献中第一次出现。根据孔颖达《疏》和杜预《左传注》中说："濮在江汉之南"，张守节《史记正义》也说濮在

"楚西南",可见当时的濮人也广泛地分布于长江流域的广大地区。《左传昭九年》(前533)也记载说"巴、濮、邓、楚,皆吾南土",可见濮人是和楚并列的南方大族。《逸周书·王会解》中还记载说"卜"人以丹沙(即砂)作为贡品,经考证,这里的"卜"与"濮"是同音异写字,"卜人"即是"濮人"。"卜人"以丹沙贡系指分布在今天湖南及邻近的黔东北和川东南地区的卜(濮)人,以当地特产丹砂作为贡品。濮人在周代即已广泛地活跃于湘、黔、川三省的广大地区了。

商周时期的濮人不仅分布于长江流域一带,而且在云南地区也有濮人的分布。《逸周书·王会解》记载在商初伊尹四方献令时说,百濮以短狗为献。这里提到的百濮不是指江汉地区的濮人,对此古今学者曾有过许多考证,何秋涛汇集诸家考证后结论说:《王会解》所言之百濮即在永昌府地区(今云南省保山地区)。章太炎亦说,明清时的职贡规定:永昌、顺宁(今云南省凤庆)皆贡濮竹,而顺宁又专贡矮(短)狗,这一规定与《王会解》百濮贡短狗的记载相合。濮竹为永昌、顺宁地区特产,濮人有截大竹为筒以盛水的风俗,濮竹因而得名。这即证明《王会解》所言百濮乃是指云南永昌等地区的濮人无疑。可见商周时云南地区也有濮人。

周王室东迁以后,秦、晋、齐、楚相继代兴,争相扩大领土,当时南方的楚国就不断地向濮人地区扩张。早在公元前882年,楚国三兄弟争立,结果"叔熊"战败,逃到濮人地区。后来楚国的蚡(fén)冒(前757—前741)"于是乎始启濮",开始向濮人地区开拓。到楚武王时继续"开濮地而有之",占领了濮人居住的许多地区。当楚国兼并了濮人分布的广大地区后,濮人与楚国的联系进一步加强了,在楚国的统治之下,濮人的大量财富被楚国统治者所掠夺,广大濮族人民处于被楚奴役的地位,因而濮族人民曾多次举行武装起义以

反抗楚国的剥削和压迫。当公元前 611 年楚国发生大饥荒时，便暴发了"麇人率百濮伐楚"的斗争，即是濮人各部联合举行的一次大规模的武装起义。这次起义由于时机选择得不恰当，被楚国统治者所镇压，但它却打击了楚国的统治者，在历史上留下了濮族人民反抗压迫的光辉篇章。

商周至春秋以来，江汉地区的濮人活动频繁，屡屡出现于文献记载之中，但是在战国以后江汉地区的濮人，在文献中就不见有记载了。其原因何在？这是因为在战国以后，江汉地区的濮人一部分往西迁徙融合于其他民族，一部分被楚国境内的其他民族所同化，濮人的大部则与越人相结合后便称越或百越了，因此从战国以后对江汉地区的濮人就不称濮而称越，对百濮也不称百濮而称百越，濮人已融合于"越"民族之中，因而在文献中不再有濮人的记载。

战国以后，我国江汉地区不复有"濮"这一称呼，而分布于我国西南地区的濮人却在文献记载中屡见不鲜。对他们有各种不同的族称，汉、晋时期文献称濮人为：濮、夷濮、獠濮、濮民、闽濮、躶濮，也有侮称为"蛮濮"的。这些众多的濮族名称，表明在汉晋时期濮人仍然大量活动于云南及黔西和川东南地区。到了唐宋以来，川、滇、黔地区的濮人又发生了变化，分布于滇东、黔西、川南地区的濮人不断与羌人族系的民族相融合，因而在这些地区的濮人在文献记载中也逐渐消失了，继续称濮人的地区则集中于云南的永昌地区。《新唐书·南蛮传》记载永昌地区周围有三濮：文面濮、赤口濮、黑僰濮。《太平寰宇记》和《文献通考》记载了永昌地区的六种濮族名称：尾濮（用麂尾末椎其髻而得名），木棉濮（濮人以木棉织布而得名），文面濮（文其面而得名），折腰濮（见尊者弯腰以趋为礼而得名），赤口濮（长期嚼食槟榔使唇齿成赤色而得名），黑僰濮（因其肤色较黑而得名）。显然这是根据濮人的风俗、物产等特点对濮人的不同称呼。唐人樊绰在他所著的《蛮书》中又将濮改为扑，称为扑子或扑。元代李京在他的《云南志略》中又将"扑"改为"蒲"，称"蒲人"，至明清时仍然称为"蒲人"。"蒲人"即是濮人，也即商周时的百濮，明代诗人王尧衢的蒲人诗就是证明，诗曰："微卢彭濮载周书，百濮为蒲西徼居，贵者看头绳百结，那堪贱漆黑藤余。"清代云南《顺宁府志》还称顺宁郡即古百濮地，当地的蒲人也自称是百濮的后裔。清代毛奇龄所著《蛮司合志》亦说永昌、凤溪、施甸二十八寨皆濮种，这便进一步证明蒲人即是古代的濮人。

据文献记载，唐代的"扑子"居住在永昌地区的澜沧江流域，并说扑子勇悍趫(qiāo)捷，善用竹弓，骑马不用鞍，驰突若飞，入林间射飞鼠，发无不中，南诏军队还以扑子为冲锋陷阵的前驱。明清文献记载当时蒲人社会虽然已进入定居的锄耕农业的发展阶段，但狩猎也是不可缺少的。蒲人男子出猎时，头插雉尾，或骑无鞍马，奔驰在山野之上，或赤足徒步在森林间追捕野兽，其快如飞。蒲人还特别崇尚武勇，男子武器不离身，遇有战斗，必杀犬分肉以召集群众，作战时击木为号，人人奋勇冲杀。可见，濮(扑、蒲)人是一个勇悍善射、能征惯战的民族。

永昌、顺宁地区的濮人经过长期发展后分别形成为三个单一的民族：一部分形成为蒲人，即现今之布朗族，至今布朗族还有自称"濮"的，别的民族也有称布朗族为"濮曼"的；一部分形成为今天的佤族；一部分形成为现在的崩龙族，至今崩龙族居住的地区还盛产"龙竹"，这就是史书所称的"濮竹"。这三个民族现在的居住地与文献记载永昌地区濮人分布地是基本一致的，说明永昌地区的濮人经过不断发展后形成为今天的佤族、布朗族、崩龙族。

　　关于濮人的族属问题,目前学术界尚有不同的意见:第一种意见认为濮人是属于百越系统的民族;第二种意见认为濮人是属于羌人系统的民族;第三种意见认为,只有今日云南的佤族、布朗族、崩龙族的先民才是古代的濮人。几种观点分歧较大,目前尚未有统一的定论。最近又有学者综合上述三种意见,提出了新的见解,即主张云南境内(主要指永昌地区)的濮人和楚西南(江汉地区)之濮人应作两种不同类型的区分,这就是以红河(元江)为界,红河以东的濮人属于百越族系或羌人族系,是汉藏语系民族。红河以西(永昌地区)的濮人,即今天的佤族、布朗族、崩龙族,属南亚语系民族。红河以东之濮人与红河以西之濮人是同名而不同族,是两个不同族群的相同称呼,这种主张是有道理的。如果不作这样的区分就很难解释属同一族系而不属同一语系这一问题。事实上在古代文献的记载中就是有区别的,《尚书·牧誓》所记之濮人与《逸周书·王会解》所记以丹沙(砂)为贡品的"卜人",就是楚西南之濮人和江汉地区的濮人,均在红河以东,是属百越或羌人族系的濮人。红河以西之濮,即是《逸周书·王会解》所记之"百濮",他们是以短狗、濮竹作为贡品的永昌濮人,属于南亚语系,是佤、布朗、崩龙等民族的先民。将濮人作这样两种类型的区分是比较符合历史事实的,但是濮人的族属问题是一个十分有趣而又极为复杂的问题, 还有待于进一步的研究和探讨。

百　越

许　良　国

　　在众多的春秋历史故事中，越王勾践卧薪尝胆的故事是流传最广、影响最大的一则。这位忍辱负重，发愤图强的勾践大王，是我国古代越族的杰出人物之一。越族本是我国的一个古老民族，它的支系繁多，分布很广，所以又称"百越"。[①]"百越"一词首见秦人所著《吕氏春秋·恃君览》。见于史籍的百越支系主要有春秋时的于越，战国时的扬越，汉代的瓯越、闽越、南越、骆越，三国时的山越。它们与现代的壮、傣、黎、侗、水、仫佬和部分高山族等少数民族有着密切的族源关系。

　　百越分布在我国东南部和南部，直至越南北部的广大地区。正如史书上所说，自浙江会稽至交趾，七八千里，"百粤杂处，各有种姓"，广而言之，"扬汉之南，百越之际"。就国内来说，即今之苏南、上海、浙江、安徽、湖北、湖南、江西、福建、台湾、广东、广西等省、

────────────

　　① "百越"，有的古籍上也称"百粤"，古代越、粤通用。

市、自治区，都曾是古代百越居住的地区，这同我国东南沿海新石器文化的分布也是相一致的。

越族的来源，目前学术界主要有以下两种不同意见：一是认为越族源出于夏民族，即"越为禹后说"；二是认为越族不是夏民族的后裔，而是由当地原始先住民发展形成的，即"土著说"。持"越为禹后说"者，主要以司马迁《史记》中的《夏本纪》、《越王勾践世家》以及《吴越春秋》、《越绝书》等历史文献为依据，认为越王勾践的祖先，是禹之苗裔、夏后帝少康之庶子无余的后代。持"土著说"者，主要以考古资料和史籍的考证为依据，认为越的世系找不出勾践是夏少康后裔的直接证据，夏族和越族姓氏不同，彼此世系不清；夏族和越族的分布地区也明显不同；越族的文化特点也明显不同于夏民族。学术界公认几何印纹陶文化是百越民族的一种主要文化特征，而几何印纹陶文化主要来源于当地的原始文化，因此创造印纹陶文化的古越族，当然主要应是当地原始先住民的后裔。几何印纹陶产生于原始社会后期，兴盛于相当中原的商周时期，衰落于战国至秦汉，这与古越族的形成、发展和消失的历史过程也大致相符合。因此我们认为，越族的来源和形成，尽管也包含一些其他民族的成分，但主要应是由当地原始先住民发展形成的。

百越最早出现的一支是东周春秋时的于越。于越初以会稽(在今浙江绍兴)为中心，至勾践建越国，称越王。春秋末期，越国与吴国常相攻战，公元前492年为吴王夫差战败。越王勾践卧薪尝胆，发愤图强，于公元前473年攻灭吴国。越灭吴后，越王勾践曾率兵北渡江淮，与齐晋诸侯会盟于徐州，致贡于周，并徙都琅琊(在今山东胶南县境内)，号称霸主。自勾践至其子与夷、与夷子子翁、子翁子不扬、不扬子无疆，是越国的鼎盛时期。至战国时，即无疆当周显王之世,越国的国力渐趋衰退。约于公元前 334 年,楚威王兴兵伐越,灭越国,杀无疆,尽取其地。自此,越人流散江南各地,有的渡海避居台湾、澎湖等岛屿。自无疆子之侯、之侯子尊、尊子亲以后,均各自争立君长,臣服于楚。

于越为楚威王所灭后,越人主要集中到浙南和闽北以及闽、浙沿海的岛屿上。秦汉时出现的瓯越和闽越,便是由于越的一支演称而来的。秦始皇统一中国后,设置闽中郡(今福建、浙江部分地区),立越人首领为君长。至公元前 202 年,汉高祖因闽越首领无诸佐汉平秦有功,封他为闽越王,王闽中故地,建都东冶(在今福建福州市)。闽越居地以今福建闽江流域为中心,据说,闽江是以闽越而得名。公元前 192 年,孝惠帝又立摇为东海王,建都东瓯(今浙江温州市),故号东瓯又名瓯越或东越。瓯越居地以今浙南的瓯江流域为中心,据说,瓯江也是以瓯越而得名。西汉初年,闽越势力颇盛,于公元前 138 年发兵围东瓯。东瓯粮尽受困,派使臣向汉武帝告急。汉武帝即遣庄助(即严助)发兵往救,未至,闽越即引兵而退。此后,应瓯越的要求,汉武帝将这一部分越人迁到江淮间居住。公元前 135 年,闽越又攻打南越。

南越主要以广东为中心,曾于公元前 207 年,由秦将汉人赵佗建南越国,自称南越武王,用越人吕嘉为相。闽越攻打南越时,汉武帝遣大行王恢出豫章,大司农韩安国出会稽,分道攻闽越。闽越王郢的弟弟余善与其家族杀王以降,汉方收兵,因立余善为东越王,与摇王并处。公元前 112 年,汉武帝又发兵征讨南越。东越王余善表面答应出八千水兵助汉攻打南越,暗中却与南越交好。于是,汉攻灭南越后,又于公元前 110 年冬发兵攻东越。越摇王等谋杀余善降汉,汉封摇王为东成侯。自此,闽越人也徙处江淮,尽虚其地,但

也有一部分越人藏匿山林之中。这一部分越人，可能就是三国时出现的山越。

山越自三国至唐，出现于闽、浙、皖、赣之交，其活动中心在皖南丹阳。三国时，山越活动最甚。虽山越未能发展到割地称雄的地步，然其势力对于三国局势的构成，不无间接关系。山越自经孙吴镇抚后，多数已汉化，所以东汉以后即不甚为人所注意。但山越名称仍见于隋唐宋的文献中，直到南宋以后始消失。

至于扬越的分布区域，则存在分歧，一种意见认为，扬越在今之湖北汉水流域；另一种意见认为，古籍所称"扬汉之南"的扬汉，是指属于扬州地界的湖汉水，即今之江西赣江，因此扬越应指今赣江流域之越人。

而骆越则是百越最南的一个分支，《史记·南越列传》中曾附载骆越事，是秦、汉时期交趾郡的土著居民，其活动之中心区域，在今红河三角洲以北、以东地区，邻近南越。但社会发展进程晚于越族其他支系，汉代才开始进入阶级社会。人民皆"项髻徒跣，以布贯头而著之"(《后汉书·南蛮传》)。与"断发文身"的于越，"椎髻箕踞"的南越，均有不同。

百越具有独特的文化。在其自身发展过程中，也受到其周围古文化、特别是中原文化的影响，从而日益汇入于光辉灿烂的中国古文化之中，为缔造祖国的历史文化作出了自己卓越的贡献。

在古代越族居住地，于1973年发掘的浙江余姚河姆渡村新石器文化遗址，反映了"先越文化"的特征。从河姆渡遗址第四层出土的稻谷和骨耜来看，证明我国农业有着悠久的历史。我国是世界上栽培稻谷的起源地之一，越族则是我国最早栽培稻谷的民族。河姆渡遗址还出土了许多家猪尤其是幼猪的骨骼，表明我国饲养家猪的历史,也可以远溯到七千年以前。从而也可以断定我国是世界上首先饲养家猪的国家之一,越族则是最早饲养家猪的一个古老民族。越族居住的是一种"干栏"式建筑,这种木构造建筑,以桩木为基础,构成架空的住房。河姆渡遗址发现的大片木构造建筑遗迹,是越人先民的建筑文化,它是我国也是世界上最早的"干栏"式建筑遗迹。越族的铸剑技术更是天下闻名。吴越故地是春秋时代青铜宝剑的家乡。越人欧冶子和吴人干将是当时著名的制剑工匠,所制之剑精巧锋利,最为世人所艳称。干将和莫邪铸剑的故事流传甚广,浙江莫干山即由此而得名,并有剑池遗迹。因越人擅长铸造和使用青铜剑,所以在古越族居地每每发现有青铜剑遗存。晋人就曾在豫章丰城一狱屋地下四丈余处,发掘出一双刻题为龙泉、太阿的宝剑。解放后,1965年在湖北望山出土一把越王勾践的宝剑;1973年在湖北江陵藤店又出土一把越王州句剑;至今上海博物馆还陈列有金错越王铭文青铜剑两把。这些剑制作非常精美,柄缠丝绳,剑格两面有花纹,嵌以蓝色琉璃,剑身满饰菱形暗纹,近格处有鸟篆铭文,表明古越族的冶铸技术和工艺水平已相当高超。越人在航海事业上也有卓越的贡献。越王勾践说,越人"水行而山处",故为习水民族。越族人民素以擅制舟楫,巧于驭舟,首创水师,富于航海经验而著称于世。

越族有自己的语言,属于胶着语。据载,汉刘向《说苑·善说》篇保存有一首"越人拥楫歌",其歌辞同中原语言根本不同,不经翻译,连邻近的楚人也听不懂。越族的音乐好野音。据说,越王勾践听汉人乐师吹籁(古代的一种三孔管乐器),却听不懂,也不爱听。

越族中的许多支系都有所谓"断发文身",喜食虫蛇蚌蛤腥味之物等习俗。他们认为剪了发,便于下水,而文身像蛟龙的形象,可

以避水中动物的伤害。这与古越人为习水民族和对龙蛇有特殊的信念有关。他们喜食腥味之物，把虫蛇蚌蛤视为上肴。由上所述，越族的文化特点、语言和生活习俗，均明显不同于夏民族，且一直保留到汉代仍很突出。

在我国统一的多民族国家中，百越在长期同其周围特别是同汉族的不断交往中，不仅在政治、经济、文化上互相交流，而且在血统上彼此融合。佐越王勾践建国称霸的文种、范蠡均是楚人。南越武王赵佗则是汉人，原本秦将，并娶越女为妻，用越人吕嘉为相。六世纪杰出的越族妇女冼夫人，一家世为越族首领，拥十余万众，而她却不搞分裂割据，并与罗州刺史汉人冯融之子冯宝缔婚，还教育儿孙后代以大局为重，维护祖国的统一。冼夫人为促进隋朝的统一、民族的和睦和岭南持续百余年的安宁局面，作出了重要贡献。后人缅怀她的功业，在两广许多地方为她修建庙宇。

越族同我国其他古代民族一样，不断同其他民族相互融合。至东汉三国时，越族已经逐渐消失。三国以后，越族的名称在文献记载中虽已消失，但隋唐文献中出现的"俚"、"僚"等族称，均和古代百越有着密切的族源关系。最后，越族大部分混合于汉族之中，而一部分则发展为现今我国南方壮侗语族的一些少数民族。

傣族先民金齿和茫蛮

胡 绍 华

　　富有亚热带风光的云南西南地区盛产孔雀，因而被人们称之为"孔雀之乡"。我国历史上的金齿和茫蛮，就是这富饶美丽的孔雀之乡的古老居民，他们在这里蕃衍生息，为开发祖国的西南边疆作出了重要贡献。

　　金齿和茫蛮本是同一个民族，只是由于居住地区的不同而有了不同的名称。唐代的金齿居住地以今云南德宏傣族景颇族自治州为中心，西达缅甸西北部，东抵澜沧江，包括德宏、保山、临沧至西双版纳等地，这就是今天云南省傣族的西部聚居区。茫蛮主要分布在唐代南诏辖区的开南节度和银生节度辖区，包括今凤庆、临沧、景东、景谷、西双版纳地区，以西双版纳最为集中，即是今天云南省傣族南部聚居区。

　　金齿、茫蛮的名称始见于唐人樊绰的《蛮书》。有的史书亦称金齿为金齿蛮、金齿夷、金齿人；称茫蛮为茫蛮部落、茫人。

　　金齿这个族称是因以金饰齿的民族风俗而来的。《蛮书》说：

"金齿以金镂片裹其齿。"这种风俗在唐以后的史籍中累有记载,元代至元年间,意大利旅行家马可·波罗到过永昌(今云南保山),见当地之人"皆用金饰齿,别言之,每人齿上用金作套,如齿形,套于齿上,上下齿皆然"(《马可·波罗行记》)。波斯国拉斯持丁所著《史记汇编》中也说:"金齿人以金套包牙齿。"曾亲临金齿地区目睹其俗的元人李京在他所著的《云南志略》中说的更清楚:"金裹两齿谓之金齿蛮。"

唐代以后,自元至明,金齿除用作族名外,并进而扩大作地名。1253年蒙古蒙哥汗派忽必烈征云南,次年设置"金齿都元帅府",管辖保山以南的广大地区。至元四年(1267),忽必烈分云南为五大部,即:合剌章(今大理)、鸭赤(今昆明)、赤科(今贵州西部)、金齿、茶罕章(今丽江),金齿即其中之一。至元二十八年(1291)又立"金齿等处宣慰司都元帅府",都是以金齿作为行政区域的名称,直到明代中叶,用金齿作地名的记载还很多。这是因为元明以来云南省西南广大区域内的金齿民族得到了较快的发展,形成较大的政治、军事力量,成为这一地区的主要民族。

至于"茫蛮"一名,则仅见于《蛮书》和《新唐书》。《蛮书》说:"茫是其君之号,蛮呼茫诏。"也就是说,茫蛮人民称其首领为"茫诏"。不少学者认为,"茫"字的发音与近代傣语中的"勐"字相近,而傣语的"勐"指最高贵族,且含有地方、平坝之意。傣语中又有"召勐"一词,意为"一片地方的统治者",因此,主张金齿、茫蛮是傣族先民的学者认为,《蛮书》中的"茫诏"应是"诏茫"之误,而"诏茫"即是"召勐","茫蛮"是以其人民居住于平坝和对其首领的称呼而得名的。

唐、宋时期,金齿、茫蛮的社会经济有了较快的发展,在云南西南部地区各民族中处于领先地位。在农业上已经跨越了刀耕火种的原始耕作方式,进入了犁耕农业阶段。作为犁耕的畜力既有牛,又有象。用象耕田这是他们农业生产上的一个十分有趣的特点。《蛮书》说:"象,开南已(以)南多有之,或捉得人家,养之以代耕田也。"傣族先民用象服役的历史还可进一步证明。金齿、茫蛮生活的地区之一的德宏在汉代号称"乘象国"(《汉书·张骞传》),即是说在两千多年前他们就知道用象作畜力了。他们用象打仗和用象作为骑乘的记载,在元、明以来的文献中也累累可见。傣语称用象打仗为"火摆",意即"象阵",每仗往往使用数十头乃至一百、二百头象组成象阵,明朝军队曾多次被他们的象阵打败过。

由于金齿、茫蛮居住在平坝,他们在唐代就开始种植水稻,是云南种植水稻最早的民族之一。由于金齿、茫蛮地区属于亚热带气候,雨量集中,旱涝不均,所以种植水稻必须有水利灌溉系统,傣族民谚说:"种田必须有水沟,先有水沟后有田。"(转引自《傣族简史简志合编》)金齿、茫蛮在种植水稻的同时,兴建了一系列水利工程。这种修建水利工程的技术和种植水稻的技术,后来传入缅甸和云南西南部地区。

金齿、茫蛮的手工业也发展到一定的高度,他们知道用金、银作装饰品和器皿,"贵族惟用金银器"(见《百夷经》)。宋代西双版纳傣族统治者所用的一个金水瓮,"广阔各三肘,高亦三肘,重七百四十铢,嵌宝七种"。可见其工艺水平已达到相当的高度。金齿、茫蛮还会冶铁打制刀剑、犁铧等武器和工具。他们还会取卤煮盐,唐代金齿、茫蛮地区有盐井一百余口,至今这些地区还有许多著名的盐矿,如普洱的磨黑勐腊县的磨龙、磨歇等。金齿、茫蛮的纺织技术也很高,纺织品在一千多年前就已载入史册。他们会用木棉织布,称为"桐华布",以后发展为有名的"娑罗布"。元明以来远近驰名并充

作贡品的"干崖锦"、"丝幔帐"以及颇似丝绸的"百叠布"都是具有高度工艺的纺织品。

农业和手工业的发展促进了商业的发展。由于金齿、茫蛮地区处于我国西南对外交通的通道，所以这里的商业古来不衰，"交易之处，多诸珍宝，以黄金麝香为贵货"(《蛮书》卷六)。金齿、茫蛮地区所产的黄金、麝香、宝石、琥珀等不仅作为商品进行交换，而且也作为货币流通(见《蛮书》卷七)。同时金齿、茫蛮所织的"娑罗布"以及土产荔枝、槟榔、椰子、波罗蜜等均流入市场，特别是茫蛮地区(西双版纳)所产的茶叶已远销大理等地。由于金齿、茫蛮地区商业的繁荣，它吸引了许多内地和国外的商人往来贩运，甚至有的商人被这里繁华的商业所吸引乃至羁縻不归，并为之歌曰："冬时欲归来，高黎贡上雪。秋夏欲归来，无那穿赕热。春时欲归来，平中络赂绝。"(《蛮书》卷二)商业活动的频繁加强了金齿、茫蛮与祖国内地经济文化上的联系和与国外人民的友好往来，他们在开发祖国边疆和加强我国人民与国外各族人民的传统友谊中，作出了可贵的贡献。

金齿、茫蛮在唐代就已进入了奴隶制社会，并向农奴制社会发展，他们曾经建立过自己的政权。金齿地区在公元六世纪末曾以勐卯(今瑞丽)为中心建立了"勐卯"政权。元代又被称为"金齿国"。元末明初又以麓川(今陇川)为中心建立起强大的"麓川"政权，它强大之时，势力达景东、孟连、西双版纳、缅甸西北部地区。茫蛮的主要分布地西双版纳在唐代曾建立过"茫乃道"政权。宋代又建立了"景陇金殿国"政权，它强盛之际，"兰那"(泰国北部景迈)、"猛交"(交趾)、"猛老"(老挝)皆受其统治。景陇政权一直与内地保持着密切的联系，建立之初即"归顺天朝"，以"天朝皇帝为共主"(见《泐史》)。中原王朝为其规定了进贡之礼,并封其主为"九江王"(澜沧江)。据记载这个政权辖区内"有人民八百四十四万人,白象九千条,马九万七千匹。"(同上)可见这是一个地广人稠而又富裕的地方政权,元明以来的车里(今景洪)宣慰司就是在这个政权的基础上建立的。金齿、茫蛮这些地方政权的建立进一步加强了与祖国内地政治上的联系,并为祖国云南西南疆域打下了坚实的基础,他们在共同缔造我们伟大祖国的斗争中写下了光辉的篇章。

关于金齿、茫蛮的族属问题,在二十世纪六七十年代意见较为统一,一致认为是傣族的先民。近几年来有的学者提出了不同的看法,他们认为唐代茫蛮分布的南诏开南节度(今云南景东以南至西双版纳地区)地区的主要居民不是百夷(傣族先民)而是古代"濮人"(布朗、佤、崩龙的先民),傣族先民是在唐以后才迁入这一地区的,因此认为茫蛮应属"濮"族系统,是近代布朗、佤、崩龙等族的先民。另一部分学者仍然坚持认为,《汉书·张骞传》中提到的"滇越",《后汉书·西南夷列传》中所载的"掸",正是唐、宋时代金齿、茫蛮的前身,他们早在汉、晋时代即已定居"南中"(云南),而南中是包括后来的开南节度辖区的,由此可以证明,金齿、茫蛮并非是在唐或唐以后才迁居此地的,金齿、茫蛮也不属古代濮人族系,而应来源于古代百越的一个支系。在地区分布上,金齿、茫蛮与近代傣族基本一致,而且在语言、风俗上有惊人的相同之处,如"茫"字的含义,以金饰齿、役象耕田作战、视孔雀为吉祥、住"干栏"式(竹楼)房屋等。因此,认为金齿、茫蛮应是傣族的先民。而傣族这一族名是解放后才正式确定的,以前,傣族还被称为百夷、僰夷、摆夷。从目前的材料看,后一种说法更符合历史事实,所以现在一般的著作中均采此说。但金齿、茫蛮的族属之争是一个新问题,尚有待进一步探讨。

古 夜 郎

莫 俊 卿

　　大家都知道"夜郎自大"这个成语,人们常以此比喻那些自高自大,不知天高地厚的人。这个成语的出典在司马迁写的《史记·西南夷列传》。公元前122年,西汉派使者到滇国(今云南省),滇王同汉朝使者谈话时询问道:"汉孰与我大"?后来使者到夜郎时,夜郎国王又用同样的话询问使者。可见,最先同汉朝比大小的是滇王,而后才是夜郎王。人们为什么不说"滇王自大",而说"夜郎自大"呢?原因是汉朝使者回到长安以后,"盛言滇大国",言外之意是说夜郎国太小。如此小国竟要与汉朝比大小,当时人觉得尤其可笑,于是"自大"的帽子就被扣到了夜郎的头上。那么,古夜郎国究竟有多大?它的位置在哪里?是由哪个民族建立起来的?这里,我们就来谈谈这些问题。

　　夜郎,有夜郎国、夜郎郡、夜郎县的区别,各有各的年代、疆域和位置,不能混为一谈。所谓夜郎郡者有二:其一是西晋永嘉五年(311)分牂牁、朱提、建宁三郡置,治所在今贵州安顺地区关岭县境;其二是唐天宝元年(742),改珍州置,治所在今贵州遵义地区正安县西北。所谓夜郎县者有四:①汉武帝时置,治所在今贵州关岭县境,南朝大宝以后废;②唐武德四年(621)置,治所在今贵州铜仁地区石阡县西南,唐贞观元年(627)废;③唐贞观五年(631)置,治所在今湖南芷江县西南,天宝元年(742)改名峨山县;④唐贞观十六年(642)置,治所在今贵州正安县西北,五代时废,北宋大观二年(1108)复置,宣和二年(1120)废。

至于古夜郎国则是由古夜郎人所建立的一个地方政权。它建立的具体年代还不知道,只知道它第一次出现于历史上的年代大约是战国晚期,一说是楚威王时期(前339至前329),一说在楚顷襄王时期(前298至前262)。大约在公元前279年,楚顷襄王派将军庄𫏋向西南进军,从楚国的郢都(今湖北省江陵县西北)出发,溯沅水而上,到达苴兰国(今贵州福泉县),进攻夜郎国,"苴兰既克,夜郎又降",之后顺利地到达滇池(今云南昆明)。于是,人们才知道还有一个夜郎国。

汉平南越后,夜郎入朝,汉封夜郎首领为王。到汉成帝河平年间(前28至前25),夜郎王兴与钩町(今广西、云、贵三省交界地区)王禹、漏卧(今云南文山一带)侯俞互相攻战。汉牂牁郡的太守请朝廷发兵讨伐夜郎诸国。汉帝因路途遥远而没有同意,只是派遣张匡去进行调解。夜郎王兴等不但不予理睬,并且对汉使节采取挑衅性的行动。于是,汉朝改派陈立为牂牁太守,对夜郎、钩町、漏卧采取强硬态度。陈立到牂牁郡后,便巡视各县,当他到达夜郎境内的且同亭(今贵州桐梓县西北)时,恰逢夜郎王兴来见。陈立历数了兴的罪状之后,砍了他的头。钩町、漏卧等王侯邑君皆释兵而降。只有夜郎王兴的岳父翁指及其儿子务邪不服,收集余兵,联合附近一

些邑君,进行武装抵抗,并互有胜负。时值大旱,陈立决堤断渠,绝其水道,迫使夜郎人"共斩翁指,持首出降"。后来,当地少数民族觉得夜郎王"非血气所生",求立后嗣。汉朝便封夜郎王兴的第三个儿子为夜郎侯,这就是后世所称的竹王三郎。不过,夜郎侯只是一个空头衔,夜郎国从此已不复存在。由此可知,古夜郎国在我国历史上至少存在了三四百年之久,即至少从战国晚期延续到西汉末年。

夜郎全盛时代的疆域,据《后汉书》记载,"东接交趾,西有滇国,北有邛都国,各立君长"。虽不很明确,然大体知道它的疆域包括了现在贵州省的大部分及云南的东北部、四川的南部。它的政治、经济中心,史书说它面临牂牁江。牂牁江就是今天的北盘江,会南盘江后称红水河,会柳江后称黔江,西南流,入西江,顺流可直达广州。这与史称由牂牁江经水道可直通南越的记载相符。既然肯定牂牁江即今北盘江,那么,夜郎国的中心,当在今贵州省关岭、镇宁、安顺这一带。

夜郎国在西南夷中算是最大的国家,政治、经济、文化的发展程度比较高。根据考古学资料和文献记载,夜郎国已经发展到以青铜器为主要特色的时代。夜郎地区的青铜器有兵器、农具和铜鼓等。以农业生产为主,水稻是最主要的农作物,故史书说其民"耕田,有邑聚"。农业生产技术,已知拦河筑坝和修渠引水,以供人畜饮用和农田灌溉,故陈立绝其水道,其民即被迫出降。解放后考古工作者在关岭西南的兴义 M8 出土的汉代池塘田园模型,内塑水田块块,渠道纵横,控制水源的闸道上水鸟昂立,池塘中荷花开放,游鱼尾尾,岸边树木参参。这是夜郎国内农业经济的一幅生动画图。夜郎国的物产比较丰富,所以商业亦比较发达,商道北通巴蜀,南通南越、交趾,"巴蜀民或窃出商贾","以此巴蜀殷富"。五尺道由蜀国(四川成都)通夜郎,再由夜郎沿牂牁江通番禺(广州),故蜀地出产的"枸酱",经常由蜀贾"持窃出市夜郎",再由夜郎商人转贩到番禺。夜郎国的时代可能还不会使用牛耕,因为至今还没有发现铜犁及使用牛耕的其它痕迹。在夜郎国的偏僻地区,农业生产比较落后,故史书说:西汉的牂牁郡"值天井,故多雨潦,好巫鬼,多禁忌,畲山为田,无蚕桑,颇尚学书,少威仪,多懦怯,寡畜产,虽有僮仆,方诸郡为贫"(《华阳国志》卷四)。

夜郎国的族属,至今还在争论中。夜郎国的居民可能由多民族组成。夜郎国的主体民族即占统治地位的民族,有两条线索可寻:第一,首先看看夜郎竹王是什么民族。关于竹王的图腾对象,史书有一则非常生动的民间传说。故事是这样的:"竹王者,兴于遁水。有一女子浣于水滨,有三节大竹流入女子足间,推之不肯去,闻有人声,取持归,破之,得一男儿,养有才武,遂雄夷狄,氏以竹为姓,捐所破竹于野,成竹林,今竹王祠竹林是也"(见《华阳国志》卷四及《后汉书》、《水经注》等书)。从这个传说中似可看出,古夜郎人是以竹为图腾的。再据前人考证,遁水就是现在布依族地区的北盘江。北盘江两岸至今仍然是竹林茂密。竹林在当地布依族人民的经济生活中具有十分重要的作用,布依族的先民有可能以竹子作为图腾,由此可见,古夜郎人与今之布依族恐怕有些关系。第二,再看看与竹王站在一个立场上的人们是什么民族。已如前述,当竹王被汉朝陈立杀死之后,同情竹王的人便产生怨恨情绪,要求汉朝给竹王立后,可见这些人是夜郎国的统治民族,是与竹王同一个民族的人;假如他们是异民族即被统治民族,一般是不会产生这种怨恨情绪的,甚至会庆幸自己民族的解放。然而,同情竹王的这些人究竟是什么民族呢?《华阳国志》说是"夷濮"族,而《后汉书》又说是"夷

僚"族。"夷",是当时封建统治阶级对西南少数民族的泛称或卑称,可以翻译为"人"字,"夷濮"、"夷僚"就是"濮人"、"僚人"的意思。换句话说,《华阳国志》说夜郎国的统治民族是濮人,而《后汉书》又说是僚人,古人说法就不一致。有的同志认为《华阳国志》成书在前,《后汉书》成书在后,应以前者为准;有的同志认为后者是对前者的纠正,因为后者对情况了解得比较深入,应以后者为准。我认为后者说法比较有道理。因为古书记载夜郎国的民族成分为濮人者,仅《华阳国志》一处,后继乏人;而说是僚人者一直没有间断,如唐朝的《武冈铭并序》载:牂牁郡,古夜郎地,"蛮僚扰,盗弄库兵,威胁守帅。""蛮僚"与"夷僚"的意思是一样的。宋代成书的《太平御览》亦载"珍州夜郎国,古山僚夜郎国也"等等。

至于夜郎国的僚人究竟是现在哪个民族的先民?这又是一个众说纷纭,尚未取得一致意见的问题。我初步认为,古夜郎国的地望主要在今布依族地区,而布依族又是当地的土著民族,与仡佬、侗、水、仫佬、毛难、壮等民族一样,均古称"蛮僚",即僚人,因此,古夜郎国的僚人,首先同布依族先民具有最密切的关系。当然,我也不排除同仡佬族、黔西南一带的苗族、彝族或其他少数民族的先民也具有一定的联系。因为从夜郎国到今天,已经有两千多年,民族的形成和迁徙,已经经历过一段很长、很错综复杂的过程了,它不可能是那么的单纯和划一。

彝、白族先民的王国——南诏

金　石

远古时代,在我国西部地区活动着一支古老的游牧部族,它是古羌人部落集团。大约在夏代,这支"绵地千里"的部族,就分布到了我国的西北、西南和中原地区。向东迁徙和留在原地的一部分古羌人,后来逐渐跟汉族和其他一些民族融合了。向西南迁徙的另一部分古羌人,从西北的甘、青草原,经大雪山、邛崃山脉南下,直到川、滇、黔各地生息繁衍下来。他们经过历史的演化,逐渐发展形成为现在的汉藏语系藏缅语族彝语支里的彝、傈僳、纳西、哈尼、拉祜、基诺、白等民族。

彝族和白族的先民,在全盛时期曾在我国西南部建立了奴隶制的王国——南诏。

南诏建国于公元八世纪中叶,覆灭于十世纪初期。在南诏建国之前,先后还有邓赕诏、越析诏、蒙嶲诏、浪穹诏、施浪诏,与它同时存在于云南省的洱海周围地区。"诏"即"王"。南诏本叫蒙舍诏,因它在五诏之南,故又称南诏,南诏加上其他五诏,合称"六诏",即六

个"王"的意思。

在六诏之中,南诏与唐王朝关系最好,"率众归诚,累代如此"。南诏在唐朝的帮助下,用武力灭掉其他五诏,于公元737年统一了滇西和洱海地区。随后,南诏又出兵镇压了在滇池一带对唐采取敌对态度的爨氏各部落。南诏的势力迅速由滇西发展到滇东,控制了整个云南地区,接着再把势力扩展到四川南部、贵州西部等地。把南北朝以来处于分裂状态的西南各民族重新统一起来,恢复了两汉时期益州南部的统一局面。

南诏这个奴隶制王朝的诞生,是古代彝族、白族地区奴隶制经济高度发展的必然结果。它对古代西南地区乃至中原地区和东南亚地区都发生过很大的影响。

南诏王室世系从细奴逻到舜化真,共计13代,合284年,其中有10个王接受唐朝的敕封和委任。唐高祖武德元年(618),南诏的始祖细奴逻被唐授为巍州刺使。到皮逻阁统一六诏时,唐朝封他为"台登郡王"、"云南王"。皮逻阁为了表示依附唐朝,派遣自己的孙子凤迦异到成都学习。唐朝剑南节度使韦皋在成都创办了一所学校,专门招收南诏的子弟入学,一切费用由政府供给。这所学校办了五十年,为南诏培养出大批人材,对促进南诏地区经济文化的发展起了积极的作用。

南诏势力强大之后,它的统治者逐渐滋长了割据云南的野心。而唐朝在李隆基当政时,违背了李世民的民族接近政策,鼓吹"蛮夷相攻,中国大利",从而更加剧了南诏同唐朝的矛盾。公元750年,唐朝派大军进攻南诏,南诏请求吐蕃援助,打败了唐的进攻。南诏同吐蕃结成"兄弟之国"。754年,唐朝再次发兵进攻南诏。

唐朝同南诏之间尽管发生过战争,但这段时间很短,从公元

752年至794年,仅仅四十二年时间。后来南诏同唐又恢复了友好和臣属的关系。

由于南诏同唐的友好关系是历史发展的主流,受唐朝政治、经济、文化的影响是很深的。南诏直接处理全国军政大事的机构——六曹,即士、户、仓、客、兵、刑(分管人事、户籍、财经、外交、军事和刑罚),基本上是仿照唐朝的建制。后来,为适应奴隶制经济的发展,又把"六曹"改为"九爽"。"爽"是唐朝中央官署称"省"的译音。在地方政权组织方面,则设立十睑、六节度、二都督。这个"睑"就是内地的"州";"节度"、"都督"也是内地的官号。故《南诏野史》称,南诏的各种制度"皆中国(汉)降人为之经划者"。

南诏的主要农业基地滇池和洱海地区,最早接受汉族的影响,耕作技术提高很快。土地利用已普遍实行复种办法。农作物有稻、麦、粟、豆、麻等等,其产量已接近或达到中原地区的水平,当时的农村,"周回数十里,多鱼及菱芡之属","州中列树夹道为交流,村邑连甍,沟塍弥望",成了屋瓦相连、阡陌相间、绿荫夹道、禾稼丰登的鱼米之乡。

南诏最初没有织绫罗的技术。太和三年(829),南诏从川西地区掳入大量的男女织工,在他们的传授下,南诏的各族人民也学会了编织精致的绫罗,其美观程度可与内地的上等品相媲美。汉族工匠还帮助南诏发展冶铁技术,制造出坚利的甲、弩、宝剑和各种生产工具。从此,云南的甲弩制作精良,直到宋、元以后还蜚声全国。

南诏王室的成员很重视学习吸收汉族文化。国王阁逻凤博览汉文儒书,"不读非圣之书",并以汉人郑回教授子孙;异牟寻"知诗书,有才智";丰祐仰慕汉族文化,放弃了世代相沿的父子

连名制①。他的最后两代王则取名为"法尧"和"舜化"。在上层人物的带动下，南诏的知识分子学习汉书成风气，"人知礼乐"。他们的某些诗文作品被内地的封建文人称为"辞藻焕然"的佳作。如公元882年前后，白族诗人杨奇鲲写的《游东洱河》：

> 风里浪花吹又白，雨中岚色洗还清。
>
> 江鸥聚处窗前见，林狖啼时枕上听。
>
> 此际自然无限趣，王程不敢再留停。

它比起同时代汉族文人所写的诗，已毫无逊色。这些作品后来有许多被编入《全唐诗》和《全唐文》中。

洱海地区的建筑艺术"皆如汉制"，又明显保留着地方民族的特色。至今遗存下来的大理崇圣寺三塔，一大二小，有房屋890间，佛像11,400尊。大塔修建于丰祐之时，高58尺，分16级，其造型与今存于古城西安的大、小雁塔相同，故称它为"中原形式之建筑"。三塔挺立苍山，俯视洱海，金碧辉煌，历千年而不衰。反映了古代彝、白等各族人民高度的建筑工艺水平。

著名的《南诏中兴国史画卷》，连幅描绘了南诏王室建立政权活动的历史故事。绘画工底深厚，笔法与敦煌长卷基本相同，明显地表现了它与唐画的渊源关系。还有南诏时代剑川石宝山的石窟浮雕，造型艺术精湛细腻，形象逼真，雕刻遒劲，在我国石刻艺术史上有很高的地位。

史书记载，南诏统治者"丈夫一切披毡"，头裹红绫，"近边撮缝如角，刻木如樗蒲头实角中"，谓"囊角"。其他男人，"则当额络为一髻，不得戴囊角"。这与当今彝族男子头上的"英雄结"、"天菩萨"和

---

①父子连名制——即父系制度下父名子名世代相连的命名制度。

身披的"擦尔瓦"(披毡)也是相同的。这种"英雄结"和"擦尔瓦",象征男子的英武。它在各种重大的活动场合是一定要装束齐全的。

南诏盛行火葬制度。至今,除了白族和受汉族文化影响较深的一部分彝族改用土葬外,在大、小凉山居住的彝族,还一直实行火葬。

由于南诏是一个以彝、白族先民为主体的多民族多部落集合而成的地方性王朝,它的境内经济发展很不平衡,存在着多种所有制形式。在汉族移民比较集中的滇池、洱海和滇东北的曲靖一带,封建因素已有了萌芽,以农业生产为主,手工业也有一定程度的发展。在其他一些地区,或以畜牧业为主,农业居于其次,甚至仍以原始的狩猎、采集经济为主,保留着氏族公社或农村公社制度。但从全面考察,南诏占主导地位的生产资料所有制形式仍然是奴隶占有制度。它的奴隶主要靠从战争中掠夺和买卖人口获得。奴隶们在十分严格的监督下从事生产,只得到勉强能维持自己和家庭成员不致饿死的一点口粮,其余的全部产品都被奴隶主所攫取。奴隶主同广大奴隶的对立,是这个社会最根本的阶级矛盾。随着奴隶主统治集团对人民压迫剥削日益深重,社会的阶级矛盾和阶级斗争也愈演愈烈。公元856年,南诏首先爆发了以营造五华楼为导火线的奴隶大起义。这次起义虽然被镇压下去了,但它的社会危机并没有得到缓和。人民吃草根、树叶,统治者却荒淫无度,沉溺酒色,出现了"举国更仇怨"的气氛。

阶级矛盾的激化,引起了上层统治集团的内讧。公元897年,在广大人民的反抗声中,南诏的实权人物郑买嗣指使杨登把隆舜王杀死。公元902年,又把南诏的最后一个王舜化真杀死,同时被杀死的还有南诏王室的800个成员。这样,南诏政权被篡夺,终于走向灭亡。

大 理 国

金 石

大理国是继奴隶制的南诏国之后，在我国西南地区云南省建立的一个封建农奴制的国家(937—1253)，历经316年。

从公元902年南诏国灭亡到大理国的正式建立，三十五年间，共经历了"大长和"、"大天兴"、"大义宁"三个过渡性的政权。这三个政权，基本上可说是南诏奴隶制的余孽，政治黑暗，暴虐无道。公元937年，通海节度段思平(白族)利用各族人民的不满情绪，以"减税粮、宽徭役"为号召，联合滇东地区以彝族为主的三十七部，进军大理，推翻了"大义宁"国，建立"大理国"。

大理国统治的地区，基本上继承了南诏国管辖的区域，即北至大渡河，南抵越南北部(莱州省)，东起贵州普安，西达缅甸江头城。行政区划设八府、四郡、三十七部，都城仍建在南诏的旧址羊苴咩(即大理太和村)。

大理国是以白族封建农奴主为主，联合云南省其他少数民族统治者建立的地方性政权。建国之初，大理王段思平为了缓和阶级矛盾与民族矛盾,首先废除奴隶制的苛政,"更易制度,损除苛令"(《滇史》卷7),除掉了原"大义宁"政权里维护奴隶制政权的顽固派,停止了掠夺奴隶人口的不义战争。与此同时,段思平以大理最高土地所有者的身份,大行分封,按其臣属官爵的大小,将全境的土地和人民,分赏给各臣属和各个部落首领,使他们享有"世官世禄"、"管土管民"的封建特权。如分封布燮(宰相)董伽罗于成纪(永胜);分封岳侯高方于巨桥(昆阳);分封爨氏于巴甸(建水)。对段氏家族,则一律分封在"关津要隘"和"富庶之区",让他们直接替"大理王"征收赋税,进行军事防御工作。

这些受分封的贵族诸侯,为了扩大领地,常依仗权势兼并周围各民族的土地,把它变成自己的"私邑",把原来土地上的农民降成自己的"耕农"(农奴)。再以田赋、地租、劳役、贡纳等各种手段,对耕农们进行残酷剥削。贵族诸侯在得到国王封赐的土地后,又通过"朝贡"的形式向国王交纳贡物,并驱使其领地内的人民向国王提供一定数量的徭役。他们还将自己的领地划成若干的小块,分派他们的臣仆或村寨头人去管理。这些臣仆或村寨头人就变成基层的世袭小领主。在这里,全部的土地、山林、河流都属大小领主占有,农奴们哪怕使用一草一木,都得向封建领主承担地租和劳役。它反映了在大理国内部,封建主按封建等级世袭领地、"尊卑相承、上下相继"的宝塔式的统治结构。这个宝塔的顶端是大理王,最下层则是被束缚在土地上承受大小封建领主剥削的广大农奴。

这些农奴一部分是南诏国时期被释放的奴隶,一部分是原村社的农民。他们受封建主的剥削虽然很惨重,而对被释放的奴隶来讲,总是要自由一些。因为一个奴隶的必要劳动与剩余劳动时间,全是在奴隶主的皮鞭下度过的,而对一个农奴来说,除了提供给封

建主的部分实物和劳役的时间外，其余的产品和时间就可以自己支配了，从而能刺激他的劳动积极性，使生产力的水平比南诏时期有了显著提高。

农业是大理国的主要经济命脉，在它的主要农业基地滇池和洱海地区，耕作技术提高很快，土地已普遍实行复种，其稻、麦、粟、豆、麻的单产量，已接近或达到了内地的水平。当时在洱海地区兴修了不少水利工程，发挥出巨大的社会和经济效益。元朝初年，郭松年去大理考察时，见到青湖"灌溉之利，达于云南(今祥云县)之野"；原先是奴隶主庄园的白岩，已发展成"居民辏集，禾麻蔽野"之地；凤仪的神庄江，"溉田千顷，以至百姓富庶，少旱虐之灾"(郭松年《大理纪行》)。郭松年的这一途中见闻，基本上可以反映出大理国后期农业生产发展的状况。

大理国的手工业生产，突出地表现在冶金方面。闻名全国的"大理刀"，有"吹毛透风"的美誉。它是大理输入内地的主要商品之一。大理贵族大量制造铜佛像，《南诏野史·段思平传》记载："岁岁建寺，铸佛万尊。"这些佛像数量众多，造型精致美观，栩栩如生，说明当时的制铜技术已达到很高的程度。又据《桂海虞衡志》记载，大理国用象皮制造的甲胄"坚厚与铁等"，刀箭不易穿透，十分坚固耐用。它所雕刻的器皿，玲珑剔透，上面漆画着精致的图案，直至明代还被视为珍宝。元、明时期宫廷里的许多漆匠，都来自大理地区，有"滇工布满内府"之称，这种精湛的技术，都是从大理国时期继承和发展下来的。

"大理马为西南蕃之最"(《桂海虞衡志·兽志》)，从北宋开始，大理国每年以成千上万匹马出售给宋朝。岳飞在同金人打仗时，有相当一部分的战马都出自大理。除马匹外，牛的数量也很多，当时到过大理国的人,称其为"牛马遍点苍(山)"。

随着商业发展,大理国商人成群结队到内地进行贸易活动。由大理国输出的商品有大理刀、麝香、披毡、甲胄、马、牛、羊和各种山珍药物;由内地输入大理国的商品有绵、丝毛织品、文书典籍和奇巧工艺品等等。著名旅游家马可·波罗元初游历到昆明时,见到的情形是"城大而名贵,商工颇众"。

大理国的雕刻绘画艺术比之南诏时期又有所发展。闻名中外的剑川石宝山石窟,有一部分就是大理国时期的雕塑。昆明古幢公园的石幢浮雕,是大理国时期的代表作品。石幢高二丈多,下宽上窄,七层八面,呈八角椎形,上面浮雕了许多寺宇楼阁和众多佛像,堪称西南地区古代艺术的杰作。1180 年,大理国专业画工张胜温创作的"大理画卷",全长约十丈,134 开,上面画了 628 个人物,面貌神态各不相同,线条工细,形态逼真,色彩鲜明绚丽,现存于故宫博物院,是我国文物中的一件稀世之宝。

佛教在大理国时期广为流行,一些大理王在不得意之时,常禅去王位而皈依佛法为僧。如在大理国和后理国的二十二代世系中,有九世国王禅位为僧,这很典型。郭松年在《大理纪行》中说:"其俗多尚浮屠法,家无贫富,皆有佛堂,人不以老壮,手不释数珠,一岁之间,斋戒几半,绝不茹荤饮酒,至斋毕乃已","师僧有妻子,然往往读儒书,段氏而上,国家者设科选士,皆出此辈"。白族知识分子多自称为"释儒",他们攻读佛经和儒书之后,由大理国家"设科选士",通过考试而被任命为官吏。

由此可见,在大理国时期,佛儒开始结合,成为意识形态的两大支柱。

大理建国后,积极主张同宋朝加强联系,互通友好。公元 965

年,宋太祖派王全斌打破后蜀的割据政权时,大理王立即派遣建昌官吏送公文表示祝贺。接着,从968年到1038年间,大理国先后九次派人向宋朝进贡,表示要改善关系。但宋朝当时是一个政治、经济上比较衰弱的王朝,北方的辽和西北方的西夏,对他构成很大威胁,因此他对西南的大理也存有戒心,不肯轻易来改善和加强双方间的政治关系。直到1115年(宋徽宗政和五年),宋朝才答应加封大理的请求。大理国王段和誉派遣大臣李紫宗、李伯祥为正、副使,携带380匹马以及麝香、牛黄、细毡等贡品,于1117年到达开封,宋朝敕封段和誉为"金紫光禄大夫、检校司空、云南节度使、上柱国、大理国王"(《宋史·大理国传》),宋与大理国之间的臣属关系才正式奠定下来。

公元1133年(南宋绍兴三年),南宋朝廷在邕州(今广西南宁)设置"买马提举司",此后的50多年,双方在邕州的马市交易,比北宋时期在黎州(今四川汉源)边境的交易更为频繁,规模更大。周去非在《岭外代答》一书中反映:"蛮马之来,他货亦至。蛮之所斋,麝香、胡羊、长鸣鸡、披毡、云南刀及诸药物;吾商人所赍,绵缯、豹皮、文书诸奇巧之物,于是译者平价交易。"

双方的这种商品交易,对活跃双方的经济生活,起了积极作用。特别着重指出的是,汉文的古典书籍已成为当时邕州市场上的一项重要商品。大量汉文书籍流传到西南地区,促进了西南地区封建文化的发展。

台湾土著民族

石 磊

一

凡比汉人先在台湾落户的民族,我们称之为台湾土著民族。传说中有小黑人(Negrito),他们来得最早,但现在已经绝迹。现存的土著民族,其种类也有十九种之多。本文所要介绍的就是这些民族。

根据考古学、民族学以及体质人类学的研究,我们知道,这些民族都是从台湾以外的地区迁来的;迁徙的路线可能有二:一、从台湾对面的中国大陆沿海即现今之闽浙地区直接迁来;二、或仍以中国大陆为发源地,经中南半岛、印尼诸岛、菲律宾而至台湾。不论从哪一路线迁来,他们的固有文化都不受华夏、印度、阿拉伯等亚洲三大文明的影响,可见他们远在接受该三文明影响之前就已迁到台湾。就目前所知,他们的主群最迟也在三千五百年以前已到台湾。

再就土著诸族群的语言、文化特质看：他们都属南岛（Austronesian）或者马来玻璃尼西亚（Malay-Polynesian）语系中的东南亚文化区的民族，与居住在太平洋诸岛屿的民族有亲缘关系；因为他们都居住在中国的版图之内，在政治上他们都是中国境内的民族。

早期的文献，不论中文或日文，都称呼他们为"番"：与大社会接触较多的，而且接受当时政府管辖的，称之为"熟番"或"平埔番"；与大社会接触较少，又不接受当时政府管辖的称之为"生番"。日据后期，以"高砂族"一词指称那些居住在特别行政区域内而且较少与大社会接触早期被称为"生番"的居民。光复后，行政当局把"高砂族"译为"高山族"，又延伸为"山地同胞"，简称"山胞"；把居住在普通行政区内的"山胞"称之为"平地山胞"；居住在山地行区内的"山胞"称之为"山地山胞"。学术界的朋友，大都用"土著民族"一词指称早期文献所谓的"生番"和"熟番"。"土著民族"只是一个价值中立的学术用语，是指那些比汉人先到台湾而定居且存在的族群，其中并没有褒贬的意味。最近有些年轻的"土著民族"的朋友，提倡用"原住民"来代替其他所有的称呼，他们声称"原住民"一词是译自英文"aborigines"；大多数的学术工作者在需要以英文来表达"土著民族"这个概念时就采用"aborigines"。因此，就理念而论，两者之间并没有多大差异。

二

不论见之于文献或者目前仍在的台湾土著民族，以其与台湾大社会整合的程度又可分为两大类：整合得较彻底的（甚至已无法分辨汉人与土著),由于多住在平地,所以称为平埔族;整合得较不彻底的(目前仍保留部分传统的社会制度及语言者)大部分住在山区,所以称为高山族。不论高山族或者平埔族,由于他们的生活习惯和语言都颇有不同之处,学者按照他们的生活习惯、语言、自己的想法,把他们分成若干族群。让我们先介绍高山族:

一、泰雅族(Atayal):约有村落 120 个,人口约七万六千(人口资料以 1986 台湾省民政厅统计为准),其分布地区在埔里、花莲线以北山区,包括浊水、北港、大甲、大安、后龙、大汉(大嵙崁)(以上诸河在中央山脉西侧)、大浊水、达奇里、木瓜(以上诸河在中央山脉东侧)诸溪流域,其垂直分布在 100 至 2000 公尺之间。由于居住地过于辽阔,生活习惯亦受地域的影响而有所不同,语言方面彼此不能互通,因而有泰雅本族(Atayal Proper)与赛德克(Sedeq)两亚族之分。

二、赛夏族(Saisiyat):有村落十二个,人口约三千九百,其分布地区在泰雅族住地西南沿边的加里山与五指山区,其垂直分布在 500 至 1000 公尺之间。

据传说,往昔该族的分布地区较广:北自大汉溪,南至大安溪的平原地带,后因受汉人以及泰雅人的压迫才退回到原住地。由于与泰雅族近邻的关系,赛夏族在物质方面表现得十分相似。

三、布农族(Bunun):约有 60 个村落,约三万五千人。他们的居住地辽阔而分散:中央山脉西侧,分布在浊水溪与老浓溪二流域之间;东侧,在新武路溪与秀姑峦溪的支流富源溪两流域之间,其垂直分布在 500 公尺到两千公尺以上的高度。

据传说,该族的原始分布地区在西部平原的中、北部,后来沿着浊水河谷向山区推进。

四、邹族(曹,Tsou):有十八个村落,七千一百余人,居住地区可分为南北两部:北部以阿里山区为中心,占有曾文溪上游以及陈有兰溪上游左岸的一部分;南部在下淡水(高屏)溪上游老浓溪以及南梓山溪流域,垂直分布在 500 至 1500 公尺之间。

居住在北部地区的邹族在分类上属邹本族(Tsou Proper),南部地区又分两亚族:Kanakanabu 在北,Saarua 在南。

五、鲁凯族(Rukai):有村落 20 个,六千三百零二人,居住在阿里山、新高山以南,大武山以北的山地,高屏溪上游的浊口溪、隘寮溪以及位于中央山脉东侧的大南溪流域。

就分类上讲,住在屏东县的属鲁凯本族(Rukai Proper),居住在高雄县的属下三社群,住在台东县境的属东鲁凯群。

六、排湾族(Paiwan):有村落 160 个,约六万余人。居住地包括大武以南的深山浅山,以及东部海岸地区,垂直分布在 100 与 1500 公尺之间。

在分类方面,排湾族可分为 Raval 与 Butsul 北南两亚族。而Butsul 亚族下又可分为 Paumaumaq、Chaoboobol、Parilarilao 与 Pagarogaro 等四个地方群,Raval 采长子继承,没有五年祭的仪式;而Butsul 则采长嗣继承,举行五年祭的仪式。由于排湾族与鲁凯族相邻,所以两族在物质文化方面表现得十分相似。

七、卑南族(Puyuma):有八个村落,将近八千人,居住在卑南溪以南知本溪以北的海岸平原地区。

根据文献记载,该族曾是台东平原的主人,迁徙到这里来的其他土著民族均曾臣属于他。

八、阿美族(Ami):有村落 109 个,约十二万余人,居住在北起花莲南到台东的海岸地区以及台东纵谷一带。就分类而言,阿美族共分五个亚族:南势阿美、秀姑峦阿美、海岸阿美、卑南阿美与恒春阿美。由于阿美族与卑南族相邻的关系,在物质方面两族都十分相似。

九、雅美族(Yami):共有六个村落,约有三千五百人,定居在兰屿岛上的滨海地区,现属台东县兰屿乡。

平埔族多已整合于大社会,目前已无法分辨。平埔族一共有十个族群。他们是:分布在台北盆地的凯达加兰族(Ketangalan);分布在兰阳平原的噶玛兰族(Kavalan);分布于头前溪与大安溪之间的道卡斯族(Taokas);分布在台中盆地的巴则海族(Pazeh);分布于大甲溪与大肚溪之间的巴瀑拉族 (Papora);位于日月潭畔的邵族(Sao,or Thao);分布在大肚溪与浊水溪之间的巴布萨族(Babuza);分布于南投、云林、嘉义地区的和安雅族(Hoanya);分布于台南平原的西拉雅族 (Siraya) 和分布在屏东平原的马卡道族(Makatao)。

三

在没有和外界文化接触以前,台湾的土著民族都是未曾使用文字的民族;生产用的工具也很简单,尚不知使用金属,因此,他们以游耕的农业辅以渔猎为生存的主要手段。生产的主要目的,也只在供应自己的消费,故交易量小,交易制度简单,以物易物,没有正式的货币,没有专为交易而设置的市场。若要细分,又可分为两种:基于平等的立场, 在需要时, 以交换礼物的方式进行互惠(reciprocity)式的交易(如:泰雅、赛夏、布农、邹、阿美、雅美);或除了互惠式的交易外, 为了公众的需要, 有人代表社会向他人抽取财

物,而有所谓的再分配(redistribution)的现象(如:鲁凯、排湾、卑南)。

台湾土著民族固有的政治体系,虽然表面上看来,都是以村落为政治单位,尚未发展出如国家较为复杂的政治体系,但若细分,仍可分三种:(1)大人物型(big man system):每个人的社会地位是一律平等的,政治群体的形成,仅以领袖个人的号召力;领袖的影响力来自成员对他的信心,因此,成员的加入与退出也主要以个人的意志为准,一旦所有的成员对领袖失去信心,这个群体也就跟着瓦解,实行这种政治体系的族群有:泰雅、布农和雅美三族,这三族虽然都采聚居而且都已形成聚落,甚至像泰雅族与雅美族都是以聚落为资源共有单位;但是他们聚落意识不强,更没有以聚为中心的宗教仪式,所以聚落对他们而言只是一个共同居住地而已,还谈不上是一个政治单位。(2)整合的村落(integrated village):虽然社会成员的地位仍然是平等的,但居民们对聚落的向心力与认同感是相当坚强的,不论村落的组成原则如何,一旦成为某一部落的成员,就不是轻易可以脱离的。同时,要成为一个部落,不但要具有共同的宗教仪式,甚至更要具备成为部落的条件,如果就这些条件考虑,赛夏族、邹族、阿美族,就符合了成为整合的村落的要件。赛夏族的部落虽然不像邹族与阿美族的要求的那么严格,但是有两个仪式——播种祭(pit-aza)与扫墓(pasang singnonol),都是以部为单位而举行的。通过这两个仪式可以把部内不同的氏族整合在一起,在举行仪式时,即使已搬离部落的人仍然会回来参加。邹族的战祭(mayasvi)与阿美族的丰年祭(ilisin)不但都是以部为中心的,而且两族必须有部落的象征建筑、男子会所。(3)酋长制(chief-dom):在酋长制的社会中已出现了社会阶层与权力集中的现象。

社会地位都是规属的性质：就是说每人都依靠继承得来自己的社会地位，经济资源的获得也是以社会地位而定。鲁凯族、排湾族，与卑南族的政治制度都是具有这种性质的，他们都有贵族制度。贵族不但是统治阶级而且控制了所有的经济资源，平民不但必须交纳各税津而且也没有迁徙的自由。

在宗教信仰方面，台湾的土著民族表现得非常复杂：有精灵崇拜、祖先崇拜与神祇崇拜。仔细观察泰雅、布农、雅美诸族群传统的宗教信仰与宗教仪式，我们发现精灵、祖先与神祇这三个概念都非常模糊不清，三者与世人的关系也无法分辨清楚，因此我们称这三族群的宗教为精灵崇拜。在赛夏族的宗教信仰与仪式中，把精灵与祖先的概念分辨得非常清楚，而且祭祀的场合也分得很清楚，绝不混乱。其他的邹、阿美、鲁凯、排湾与卑南诸族，在他们的宗教信仰与仪式中，不但有精灵、祖先的概念，更有神祇的概念。三者不但在概念上有所区分，在仪式的行为中也分辨得非常清楚，所以我们称这五个族群的宗教为神祇崇拜。

台湾土著诸族表现在亲属体系方面的是一非常繁复的现象。泰雅、雅美两族以家庭为惟一的亲属群体，虽然在家庭发展上泰雅族采幼子继承、以主干家庭为发展模式而雅美族则以核心家庭为发展模式，因为幼子继承而使主干家庭出现的频率较少，仍以核心家庭为主，而且两族又采从夫居的婚姻且禁婚的范围都扩展到父母双方的亲属，所以用从父居代表他们的亲属体系。赛夏、布农、邹三族都以直系家庭为家庭发展的模式，家庭以外仍有更大的亲属群体而且这些群体都具有名号，禁婚的范围包括父母双方的亲属群体。因为这三族的亲属体都具有父系继嗣群的性质，所以就以父系称呼他们。阿美族也以直系家庭为家庭发展的模式，大于家庭具

有名号且有外婚功能(仅母方)的亲属群虽然也在某些地方群中出现,但是阿美族是以从母居为主要的婚姻方式,而且以从夫居的婚姻为弥补缺乏男性劳力与绝嗣的手段,况且有些地方群缺乏大于家庭的亲属群体,又把禁婚范围扩展到父母双方亲属,使得阿美族亲属体系的母系性质减弱而成为从母居的亲属体系。排湾族、鲁凯族与卑南族以主干家庭为家庭发展的模式,以长嗣、长男或者长女为家庭的继承人,其余的子女离家他去,或婚入他家或自立新家。立长以婚姻为单位而不以丈夫或妻子为依据,禁婚范围以第二从表兄弟为限。这种亲属体系的性质与夏威夷式的非常近似,所以我们称他为并系的。

让我们用一个表来做为本文的结束:

台湾土著民族社会文化特质一览表

经济\政治\亲属宗教			从夫居	父系	从母居	并系
互惠	大人物	精灵	泰雅 雅美	布农		
	整合的村落	祖灵		赛夏		
		神祇		邹	阿美	
再分配	酋长					鲁凯 排湾 卑南

高 山 族

许 良 国

高山族是分布在我国台湾省的少数民族,是台湾最早的居民。

高山族这一名称,是祖国大陆人民对分布在台湾省的少数民族的统称。按语言习俗和聚居区域的不同,高山族包括九个族群,即:泰雅、赛夏、布农、曹、鲁凯、排湾、卑南、阿美、雅美。现人口约有三十万,主要分布在台湾本岛的中部山区和东部纵谷平原以及兰屿岛上。原来一部分居于平原和山麓丘陵地带称为"平埔人"的高山族,约十万人,因长期和汉族杂居在一起,现与汉族已很难区别。

高山族人民素以性情豪放、热情好客著称。每逢农闲,总要邀请邻近汉人到家里作客。高山族人民能歌善舞,在喜庆节日,要举行歌舞集会,男女老幼身着盛装,围着熊熊的火堆,欢呼饮酒,携手歌舞。若有汉人路过,亦被邀入豪饮,一醉方休。高山族的民间文学艺术也很丰富,他们不仅有优美的民歌、古谣、神话和传说,而且有嘴琴、竹笛、鼻箫和口琴等乐器。杵乐是高山族独具风格的音乐,每当月明星稀的夜晚,妇女们三五成群,围绕在门前的石臼旁,手执

长杆捣米,长杵一上一下,发出拍节鲜明的音响,妇女们和拍而歌,十分动听。高山族人民还精于雕刻和绘画,尤以排湾地区最为出色。他们在住房的门槛、木柱、门楣以及各种生活用具上,都雕刻着各种美丽的花纹,其中以蛇形图案为最多。兰屿雅美人的雕舟,更是其独特的工艺之花。这都充分表现了高山族人民的艺术才能。

千百年来,高山族人民和移居台湾的汉族人民一起,不仅以自己勤劳的双手,把台湾开辟成祖国美丽富饶的宝岛,而且为反抗外来侵略,维护祖国统一和领土完整进行了长期英勇不屈的斗争,在我国历史上谱写了光辉灿烂的爱国主义篇章。

早在 1563 年,骚扰我国东南沿海的倭寇曾大股侵入台湾,在基隆一带焚掠高山族居住地。那里的高山族人民用原始的弓箭和标枪,向拥有精良火铳的倭寇展开殊死搏斗,给来犯者以有力回击。1593 年,日本封建军阀丰臣秀吉致书高山族,诱逼高山族人民向日本朝贡,也遭到高山族人民坚决拒绝。1603 年,当明朝福建都司沈有容率领十四艘战船冒风渡海追剿窜犯台湾的倭寇、在台湾胜利登陆时,高山族人民欢欣鼓舞,扶老携幼,以壶浆生鹿热情犒劳祖国大军。

十七世纪初,荷兰殖民主义向东方扩张,于 1603 年和 1622 年先后两次窜犯澎湖,1624 年被明朝军队逐出澎湖后,又转而侵占台南。两年后,西班牙殖民者也窜入台湾北部,侵占了基隆和淡水,后于 1624 年被荷兰殖民者战败退出台湾。荷、西殖民者从侵占台湾的第一天起,就不断遭到台湾高山族和汉族人民的反抗。1632 年,西班牙殖民者曾妄图占领宜兰以扩大其占领区,但由于当地高山族人民的顽强抵抗而始终未能得逞。荷兰殖民者独占台湾后,在占领区实行残酷的殖民统治,也激起了台湾各族人民的无数次起义。1652 年郭怀一领导的反荷武装起义,就是其中规模最大的一次。起义中高山族和汉族人民同仇敌忾,给侵略者以沉重打击。这次起义虽然失败了,但起义者的鲜血没有白流,它更加坚定了我国各族人民驱逐侵略者、收复祖国领土的决心和斗志。十年后,民族英雄郑成功于 1661 年 4 月 21 日亲自率领二万五千名将士进军台湾,在汉族和高山族人民的积极支援下,于翌年 2 月驱逐了荷兰殖民者,收复了台湾,从而结束了荷兰在台湾三十八年的殖民统治。

从 1840 年的鸦片战争起,美、日等帝国主义相继侵入台湾,妄图把台湾变为进一步侵略中国大陆的跳板。台湾高山族和汉族人民进行了可歌可泣的斗争。

1867 年 3 月,美国商船"罗佛号"在航经台湾南端七星岩海面时触礁沉没。船长亨特夫妇及水手十四人,乘小艇在恒春傀仔角登陆,被当地高山族人民全部杀死。美国侵略者妄图以此为借口,染指台湾。同年 4 月,美国驻厦门领事李仙得率军舰"阿树罗号"入侵恒春,遭到高山族人民的顽强抗击而败走。6 月,由海军上将贝尔率领的美国侵略军在恒春地方登陆进行偷袭,仍被高山族人民打得抱头鼠窜,副舰长马凯基也当场殒命,侵略军狼狈败逃回舰。但美国侵略者仍不甘心失败,9 月,李仙得胁迫清政府派兵护送他至恒春,妄图再一次对高山族人民进行镇压。英勇不屈的傀仔角十八社的高山族人民,在其头人卓其笃领导下,组成了一支二千多人的武装队伍严阵以待,并得到恒春一带汉族人民的积极声援。李仙得见势不妙,只得坐下来谈判。卓其笃率领众头目二百余人,于 10 月 10 日在保利阿克地方同李仙得会晤。在谈判中,卓其笃理直气壮向美国侵略者严正指出:我们的祖先就是被你们这伙外国侵略者杀害的,当时只有一些上山砍柴的人得以幸免,我们同你们有着血

海深仇。如果你们要打，我们一定奉陪；如果你们要和平，我们愿意永久保持和平。但我们祖国的领土，是决不允许你们侵犯的。他断然拒绝了李仙得提出的在台湾建立炮台的无理要求。并约定：此后来往美船，凡需上岸补充给养，必须先挂红旗，未见岸上有红旗回答，则不许登陆。

美国侵占台湾的阴谋接连遭到可耻失败后，又与日本军阀勾结。1874 年 4 月，日本侵略者在美帝的直接参与下，发动了对我国台湾的武装侵略。日本政府出动侵略军三千六百多人，美帝不但派遣军官直接参加指挥，而且供给日本军火和船只，美国邮船"纽约号"，也一度用来替日本运兵。5 月 8 日，日本侵略军在恒春强行登陆后，移阵龟山，兵分三路向高山族村庄发起进攻。在进攻龟山时，牡丹社高山族人民或居高临下，或埋伏于丛林之中，巧妙地截击敌人，致敌节节败退。两天后，日军继续进攻，牡丹社高山族人民凭险抵抗，用石头、木棍等原始武器，向侵略者展开了不屈不挠的斗争。在保卫石门要隘的战斗中，牡丹社高山族首领阿碌父子及其部众三十余人壮烈牺牲。日本侵略军在高山族人民的沉重打击下，死伤五百六十余人，消耗军费七百八十万日元，最后被迫狼狈退兵。

1894 年中日甲午战争之后，腐败的清朝政府签订了丧权辱国的"马关条约"，将台湾本岛及所属各岛屿割让给日本，从此台湾沦为日本帝国主义的殖民地达五十年。当割台的消息传出后，神州大地风悲云怒，全国各族人民群情激愤。台湾高山族和汉族人民更是庄严宣誓：宁愿人人战死，也决不当亡国奴。年逾七旬居于大陆的高山族同胞胡盛兴，毅然投笔从戎，返回台湾，组织高山族人民投入抗击日寇的斗争。日本侵略者急欲强行霸占台湾，派出由北白川能久亲王为师团长的近卫师团赴台登陆。台湾各族人民立即掀起了反占领的武装起义。为配合刘永福黑旗军抗击日本侵台军,仅内山一地就有万余名高山族勇士投效军营。他们和汉族人民并肩战斗,狠狠打击来犯之敌。在扼守嘉义与台南之间的曾文溪战斗中,七百余名高山族壮士配合义军坚守阵地,英勇献身。高山族人民同汉族人民一起所进行的反占领斗争,坚持了五个月之久,使日军死伤达三万二千多人,主力近卫师团被歼灭将近一半,日军统帅能久亲王也毙命台湾。

日本强行占领台湾之后,台湾高山族和汉族人民一起,为反抗日本殖民者的奴役与压榨,为争取回到祖国怀抱,同日本侵略者进行了长达半个世纪的英勇斗争。仅1895年至1915年的二十年间,台湾各族人民的抗日武装起义就达一百多次;在高山族人民的沉重打击下,从1896到1930年的三十五年中,日本警察被击毙击伤的达五千五百余人。

在高山族人民反抗日本殖民统治的斗争中,以太鲁阁、北势、大嵙崁、雾社等地区的反抗斗争最为激烈。其中1930年爆发的雾社起义,是高山族人民规模最大的一次抗日武装起义。

雾社位于当时的台中州能高郡(现属南投县),是高山族人民的一个聚居区。那里群山环抱,资源丰富,景色奇丽。日本殖民者在那里设立了十八个警察驻在所,对高山族人民进行残酷压榨和奴役。雾社高山族人民不堪凌辱,在摩那·罗达奥领导下,发动了声势浩大的武装起义。摩那·罗达奥联络雾社和附近各社的高山族群众,秘密组织了一支三百多人的武装队伍。他们夜袭日本警察所,夺取了一百八十支枪和二万多发子弹以及其他物资。武装队伍也迅速发展到一千五百人,为雾社起义准备了条件。

1930年10月27日这一天,日本侵略者为庆祝日本占领台湾

的所谓"胜利",在雾社公学校举行秋季运动会。当运动会开幕,日寇正狂欢乱舞时,预先埋伏在运动场四周的起义队伍,突然从四面八方一齐冲入会场,向侵略者猛杀过去。经过三天的激烈战斗,盘踞在雾社地方的日本侵略军被消灭殆尽。日本统治者急忙将驻台精锐部队全部调来,并出动飞机大炮,对高山族人民进行疯狂的屠杀。面对优势敌人,起义队伍转入深山密林,坚持斗争达半年之久,一直顽强战斗到弹尽粮绝。最后,摩那·罗达奥和其他起义战士在布卡萨溪全部壮烈牺牲。千百年来,高山族人民为保卫祖国领土主权的完整而立下的丰功伟绩、所献出的碧血丹心,将光照史册,流芳千古。我们坚信,富有反对外国侵略传统的台湾高山族人民,作为中华民族的光荣成员,也必将和台湾的汉族人民一道,为早日实现祖国的统一大业作出新的更大的贡献。

略 谈 奚 族

张 秀 荣

奚族是古代生活在我国北方的一支游牧民族。

奚族具有悠久的历史。在殷墟出土的甲骨文中即有是否用三奚、三十奚祭祀父乙和大乙的卜辞。《周礼》中有对奚的记载："女桃,每庙二人,奚四人。"(《春官·守桃》)"女府二人,女史二人,奚十有六人。"(《春官·世妇》)《秋官·禁暴氏》中也有"凡奚隶聚而出入者,则司牧之,戮其犯禁者"的记载。东汉经学家郑玄注云:奚,"女奴也"。奚隶为"女奴、男奴也"。而"凡奚隶聚而出入者,则司牧之",其大意是说如有奚族奴隶群聚出入,就要指使差役去纠察他们。许慎在《说文解字》中对加女旁的"媒"字解释为"媒,女隶也"。金文中的"奚"字,据专家们的分析,认为是作为贵族役使的民族被铸在青铜器上的。从上述记载来看,奚族百姓在商代就已经成为奴隶被役使,或被贵族们用来当做祭祀的人牲。这很可能是该民族在商代曾大量地被其他民族俘虏的缘故。我们在甲骨文中所见到对奚的记载,多数都是与商朝的友好往来,而不是他们之间的战争。如卜辞

中就有："甲辰卜，毂(贞)，奚来白马，王固曰：吉。其来马，五。"（《乙》3449）占卜说奚要来贡马，后来奚果然送来马五匹。在甲骨文中，奚字有时作奴隶的名称，有时作地名，有时还作族名。看来奚族在商朝以前就已与中原有了密切的关系。

孙淼先生在《夏商史稿》中认为奚族是后世奚族的祖先。随着历史的变迁，奚族的名称也发生了变化，又称库莫奚，属东胡系统，《史记·匈奴传》"索隐"曰："东胡，乌桓之先，后为鲜卑，在匈奴之东，故曰东胡。"这里所说的东胡，并非仅指一个民族，而是当时人们对靠近匈奴东部各族的统称。如《史记·匈奴传》中就说："燕北有东胡、山戎，各分散居溪谷，自有君长，往往而聚者百有余戎，然莫能相一。"奚族就是东胡系中的一种。南北朝时期被称为库莫奚的，系东胡系的鲜卑一支。鲜卑在两晋、南北朝时期又分为慕容、宇文、段氏、拓跋、乞伏、秃发等六部，奚族则属于宇文部的别支。宇文部后为前燕慕容皝所破，余众隐落于松漠之间，即今内蒙东部及辽宁西部与河北承德地区的北部一带。库莫奚部落也正是在这个时期形成的。公元388年(北魏登国三年)，道武帝拓跋珪出兵松漠，击破库莫奚于弱落水之地（今西拉木伦河南），获其四个部落及马、牛、羊、豕十万之多。此后，库莫奚又经过十余年的休养生息，人力财力皆得到增长与发展。此时，魏太武帝拓跋焘攻取北燕后，又"置戍和龙（今辽宁朝阳市），诸夷震惧，各献方物"(《魏书·库莫奚传》)。这时，库莫奚也与东北其他各民族一样，派遣自己的使臣到平城、洛阳先后多达三十余次。在"文成、献文之世，库莫奚岁致名马、文皮"(《北史·奚传》)。北齐时期，库莫奚的使臣也曾五次到达过邺城，并与安州、营州(今河北隆化、辽宁朝阳)的边民参居，友好往来。隋时，奚在一个时期内曾称臣于突厥，势力强盛时，分为五部,"一曰辱纥王,二曰莫贺弗,三曰契箇,四曰木昆,五曰室得。每部俟斤一人为其帅,……有阿会氏,五部中最盛,诸部皆归之"(《隋书·北狄·奚传》)。

唐代,奚族比较强盛,但仍分为五部,即阿会部、处和部、奥失部、度稽部、元俟折部,他们分别分布在弱水州(今内蒙古东部)、祁黎州(今辽宁省洮南县一带)、洛瑰州(西拉木伦河流域)、太鲁州(今内蒙古和吉林境内的嫩江支流洮儿河流域)、渴野州(待查)。唐代的奚族常内附。唐太宗征讨高丽时,大酋苏支从征有功。不几年,其子可度者内附,唐皇为其设饶乐都督府,拜可度者使持节六州诸军事、饶乐都督,并封为楼烦县公,赐李姓。又在以上五部设州,各以酋领辱纥主为刺史,隶饶乐府。唐武则天万岁通天年间,契丹反,奚也叛,与突厥相表里,号称"两蕃"。奚时而附唐,时而附突厥,唐朝为稳定东北边境,对其采取安抚政策。公元714年(玄宗开元二年),奚王李大酺乞降,唐封其为饶乐郡王,左金吾卫大将军、饶乐都督,又将宗室固安公主嫁给李大酺。尽管如此,有唐一代,奚在人力、物力方面发展得都比较雄厚。他们的活动范围,北面与霫族相接,南以白狼河为限,东北与契丹相邻,西面与突厥相连接。唐朝末年,契丹强盛,奚举部役属,后因不堪苛虐,由酋长去诸带领部分民众,归附于唐王朝,保妫州北山(今北京延庆西北)。此后,奚被分为东西两部。西部居于妫州,东部先后居于琵琶川(在热河凌源县南)与阴凉河之地。

公元903年(唐天复三年),奚族遭到辽太祖阿保机的打击,并把辽德祖时所俘的七千户奚人"徙饶乐之清河"之地,创奚迭棘部,分十三县。公元906年(唐天祐三年),阿保机击幽州刘仁恭,还军时,再次袭击山北之奚。阿保机于公元907年即皇帝位,为进一步

统一我国北方各少数民族,又于公元 911 年(太祖五年),"亲征西部奚。奚阻险,叛服不常,数招谕弗听。是役所向辄下,遂分兵讨东部奚,亦平之。于是尽有奚、霫之地"(《辽史·本纪第一》)。

在辽德祖与辽太祖的前后数次征讨下,用了十余年的时间,终于把奚族统一在契丹政权之内。此后,有相当多的奚族人逐渐地与契丹人融合在一起,有的与汉族或其他民族融合了。金人入关破燕,著名的奚族人回离保,曾以奚族立国,于公元 1123 年八月(辽天祚帝耶律延禧保大三年),又被金将郭药师所灭。从此,这个民族就渐渐销声匿迹了。

奚族是一个能适应各种环境的氏族。史载奚族人不仅能畜牧、狩猎,过游牧生活,而且还会种植农作物,《新五代史》中记载奚族"颇知耕种,岁借边民荒地种穄,秋熟收获,窖之山下,人莫知其处。爨以平底瓦鼎,煮穄为粥,以寒水解之而饮"。该作物至今在长城以北的部分地区还在种植。此外,奚族还具有善于制车的本领。据李商隐《为荥阳公贺破幽州奚寇表》中记载:"幽州节度使张仲武奏破奚人部落,俘获物中有奚车五百辆。"(《文苑英华》卷五六八)一次唐军与奚人作战,所获奚车达二百辆。于此可见一斑。

奚族是中华大地上古老的民族之一。仅从商代算起,到被金人所灭,也存在了大约一千八百多年。如果追溯它商周以前的历史当更久远。奚族在中国历史上的影响,是不应忽视的。

文史知识文库

略谈东胡族

张 秀 荣

东胡是古代活动在我国北方的一个少数民族，最早似见于《逸周书·王会篇》所载（"东胡黄罴"）。东胡名称来历，《史记·匈奴列传》的"索隐"引东汉学者服虔的解释是："在匈奴东，故曰东胡。"据有关文献记载，早在商初东胡就存在于我国商王朝的正北方了。《山海经·海内西经》曰："东胡在大泽东，夷人在东胡东（指辽东一带的东夷）。"清代经学家郝懿行注曰："伊尹四方令云正北东胡。"他这里所说的伊尹是商朝初朝的一个大臣，受命于商为四方令，伊尹当时称商朝的正北方有东胡。今人孙进已先生的《东北民族源流》认为："大泽"当指今达赉诺尔湖，其东正当今西拉木伦河流域。考古界在该河流域与老哈河流域多处发掘出东胡人的墓葬。由此得知东胡在商时居住在商王朝的正北方，西周时期居住在周王朝的北方或偏东。

春秋时期，东胡与山戎等族共同居住在燕国的北部，《史记·匈奴列传》载："晋北有林胡、楼烦之戎，燕北有东胡、山戎。各分散居

溪谷,自有君长,往往而聚者百有余戎,然莫能相一。"

战国时期,东胡居住在赵国与燕国的东北部。《史记·赵世家》载:赵武灵王十九年(前307)春正月,武灵王对大臣楼缓说:"今中山(在今河北正定县东北)在我腹心,北有燕,东有胡",这里的"胡"指的仍是东胡,张守节的《正义》注曰:"赵东有瀛州(今河北河间)之东北,营州(今辽宁朝阳)之境即东胡、乌丸之地。"《史记·赵世家》又载:"自常山(今河北曲阳西北)以至代(今河北蔚县东北)、上党(今山西长治市北)东有燕、东胡之境,而西有楼烦、秦、韩之边。"《史记·货殖列传》也说:"东北边胡",上述资料均证明东胡在战国时期居住在赵国与燕国的东北部,或代、上党的东部。

东胡是一个以游牧为主的民族。《史记·乌桓鲜卑列传》云东胡"俗善骑射,弋猎禽兽为事,随水草放牧"。但东胡同时也注重畜牧业、游猎与农耕。在内蒙古大井、赤峰蜘蛛山和赤峰药王庙的东胡人墓葬遗址中曾发现大量的鹿、麅、野马、野牛、狐狸、狍、熊、野兔,以及猪、狗、牛、马、羊等野生动物与山鸡野禽和家禽的骨骼的存在即是明证。东胡的农业生产也比较早,在东胡人生活过的地方出土过不少石锄、石铲和半月形双孔石刀。在辽宁省建平县水泉地区还发现了东胡人的三座贮粮遗址,其碳化谷物堆积层厚度达80厘米以上。《太平御览》卷八四四的"饮食部"之二"酒"中引《魏略》云:"东胡俗能作白酒,而不知曲蘖(酒母),常仰中国(中原)。"

东胡人的手工业技术也达到一定的水平。他们能制造各种类型的陶器,如罐、鬲、豆、钵、碗和纺轮等。东胡人制造的青铜器有曲刃、短剑、刀、箭镞、头盔、戈、矛等数十种之多。此外,东胡人较早掌握了制车技术。

大约在公元前十世纪,东胡人与中原地区的人民就已经有了往来。据《逸周书·王会篇》记载,周成王时期,在今河南洛阳附近会见全国各族头人的成周之会,北方地区就有许多少数民族参加,并贡献了方物。其中东胡人贡的是"黄罴"。通过成周大会,打开了东胡人与中原来往的大门,促进了经济与文化的交流,尤其是中原地区先进的农业技术和文化,对东胡等周边民族具有较大的影响力。

东胡族与自己邻近的诸侯国和民族也进行频繁的政治、经济、文化方面的交流。燕国地处东胡的南部,经济发展,物产丰富。司马迁在《史记·货殖列传》中讲到:"夫燕亦勃、碣之间一都会也,南通齐、赵,东北边胡……有鱼盐枣栗之饶。"这些物品不仅被当地人所喜爱,而且更是北方东胡等少数民族所向往的。东胡人常常携带自己盛产的马、皮革、角弓等特产到燕国进行商品交换活动,中原各地的商人,也往往先云集在燕国的都城蓟,再赴边界与胡人交易。接着又分别到指定的市场进行贸易活动。东胡与中原各地相互都受到了影响。战国时期赵武灵王推行"胡服骑射",对革新中原的军事、政治,具有划时代的意义。东胡的一些习俗(如养犬及死后用犬殉葬、死后覆面等)也影响了中原。东胡与兄弟民族匈奴族也进行交往。在辽宁西岔沟遗址中,曾发现东胡与匈奴及中原的遗物同时存在,这正是东胡与匈奴及中原相互往来交流的例证。

东胡族由商至周到西汉初,前后存在了1300余年。在战国时期,东胡相当强盛,据《晋书·慕容载记》中讲,东胡强盛之时,有"控弦之士二十万"。所以,东胡曾一再南下侵掠威胁燕、赵等国家,有时甚至还占领这些中原国家的土地。燕国就曾将一位贤将秦开作为"人质"留在东胡。

秦汉之时,东胡逐渐走向衰落与瓦解。公元前206年(汉高祖元年),匈奴冒顿单于杀父头曼自立,东胡自恃强盛,遣使向匈奴索

要头曼生前的一匹千里马,冒顿为安边予之。东胡以为冒顿惧怕,又索取其阏氏,冒顿又予之。东胡王因之愈骄横。东胡与匈奴之间本有一块约千余里的"欧脱之地",即缓冲地带,匈奴称为"弃地"。东胡王认为冒顿两次许其求索,必是畏其强大,乃夺此欧脱地带。冒顿大怒,乃发兵,攻东胡,东胡大败,部族溃散,其余部分别退聚于乌桓山(今内蒙古赤峰阿鲁科尔沁旗北)、鲜卑山(今内蒙古哲盟科尔沁旗左翼中西旗),从而形成后来的乌桓与鲜卑族。自此,东胡之名从历史上消失。

东胡的名字虽然消失,但其后裔纷纷复起,三国时期,曹操为解除乌桓的威胁,曾亲征东北,大破乌桓。南北朝时,鲜卑系又纷纷入主中原。后来的契丹人也是东胡鲜卑系统,曾建辽国,并以拒马河为界与后晋、后唐、后周、北宋对峙,占据大半个中国。可以说,在中华民族大融合,特别是在我国北方民族大融合的历史上,东胡系统起了巨大的作用。

图书在版编目(CIP)数据

中国古代民族志/文史知识编辑部编.—北京:中华
书局,1993.3(2015.11 重印)
(文史知识文库)
ISBN 978－7－101－00968－2

Ⅰ.中…　Ⅱ.文…　Ⅲ.古代民族－民族志－研究
－中国　Ⅳ.K289

中国版本图书馆 CIP 数据核字(2003)第 127192 号

书　　名	中国古代民族志	
编 著 者	文史知识编辑部	
丛 书 名	文史知识文库	
责任编辑	华晓林　刘淑丽	
出版发行	中华书局	
	(北京市丰台区太平桥西里 38 号　100073)	
	http://www.zhbc.com.cn	
	E-mail:zhbc@zhbc.com.cn	
印　　刷	北京瑞古冠中印刷厂	
版　　次	1993 年 3 月北京第 1 版	
	2015 年 11 月北京第 4 次印刷	
规　　格	开本/850×1168 毫米　1/32	
	印张 7⅜　插页 2　字数 150 千字	
印　　数	10501－13500 册	
国际书号	ISBN 978－7－101－00968－2	
定　　价	13.00 元	